费孝通

著

土中国

天津出版传媒集团

天津人民出版社

U0635096

图书在版编目(CIP)数据

乡土中国 / 费孝通著. -- 天津：天津人民出版社，
2020.9(2022.8 重印)
ISBN 978-7-201-16349-9

Ⅰ.①乡… Ⅱ.①费… Ⅲ.①农村社会学-研究-中
国 Ⅳ.①C912.82

中国版本图书馆 CIP 数据核字(2020)第 148563 号

乡土中国
XIANGTU ZHONGGUO

出　　版	天津人民出版社
出 版 人	刘　庆
地　　址	天津市和平区西康路 35 号康岳大厦
邮政编码	300051
邮购电话	(022)23332469
电子信箱	reader@tjrmcbs.com

责任编辑	张　磊
装帧设计	明轩文化·王　烨

印　　刷	高教社(天津)印务有限公司
经　　销	新华书店
开　　本	880 毫米×1230 毫米　1/32
印　　张	7.5
字　　数	150 千字
版次印次	2020 年 9 月第 1 版　2022 年 8 月第 3 次印刷
定　　价	39.80 元

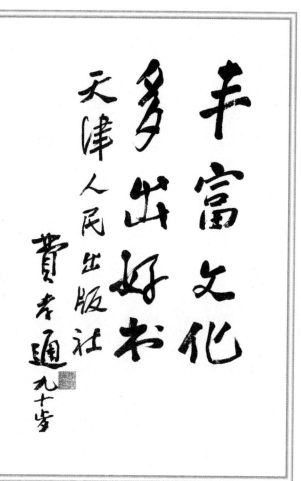

丰富文化
多出好书

天津人民出版社

费孝通
九十岁

费孝通先生为天津人民出版社题字

《乡土中国》整本书阅读之导读

南银妮

为什么要阅读整本书?

《普通高中语文课程标准(2017版)》中提出："整本书阅读与研讨"任务群旨在引导学生通过阅读整本书,拓展阅读视野,建构阅读整本书的经验,形成适合自己的读书方法,提升阅读鉴赏能力,养成良好的阅读习惯,促进学生对中华优秀传统文化、革命文化、社会主义先进文化的深入学习和思考,形成正确的世界观、人生观和价值观。"

其实,早在很久之前,教育家叶圣陶先生就开始重视并提倡整本书阅读了。他曾说:"就学生方面说,在某一时期专读某一本书,心志可以专一,讨究可以彻底。在中学阶段内虽然只能读有限的几本书,但是那几本书是真正专心去读的,这就养成了读书的能力;凭这能力,就可以随时随地读其他的书以及单篇短章。并且,经常拿在手里的是整本的书，不是几百言几千言的单篇短章，这么习惯了，遇见其他的书也就不至于望而却步。还有，读整部的书，不但可以练习精读，同时又可以练习速读。如此说来，改用整本的书作为教材，对于'养成读书习惯'，似乎切实有效得多。"（《论中学国文课程的改订》）

说白了，倡导整本书阅读，是对'碎片化阅读'的纠正，也是为了培养学生爱读书的生活方式。

"整本书阅读"作为独立的学习单元，这在高中统编语文教材中尚属首次。而学术类著作《乡土中国》被列入高一语文教材上册第五单元，是对文学类作品范畴的一种突破。

《乡土中国》是社会学研究的经典之作。很多人了解中国的社会结构和文化，都是通过《乡土中国》这本薄薄的小册子。让我们一起了解下关于这本社科类学术著作的一些基本情况吧。

走近《乡土中国》

一、作者简介

20世纪初，中国曾出现了一股救亡图存的留学热潮。一批批有志青年漂洋过海，去世界发达国家学习先进的技术和各种优秀的思想文化。这些知识分子身上有一些高度相似的地方：高度的社会责任感，深刻地认识到祖国的落后，有强烈的改造中国的愿望；他们远赴重洋，学习西方，如饥似渴地汲取新知识、新思想；学成归国后，将学到的知识吸收和消化后，投身救国运动中，探寻拯救中国的各种方案和道路。

费孝通——正是他们中的一员。

费孝通，中国社会学和人类学的奠基人之一，也是第一位获得国际人类学最高学术荣誉——赫胥黎奖的中国学者。他出生在江苏吴江的一个书香门第，父母都是受过中式和西式两种教育的知识分子，因此，他的成长过程自然也受到了中西两种文化的熏陶。求学生涯中，他曾师从中外社会学界的几位大师级人物，接受到了当时社会学和人类学非常系统而先进的学术训练。1938年秋，刚拿到伦敦大学博士学位的费孝通匆匆启程，回到战火纷飞的祖国，加入他的老师吴文藻创办的云南大学社会学系，从此开始了他的知识救国之路。他将实地调查和学术研究结合起来，开创了一套先进而有特色的社会学研究方法。《乡土中国》一书就是他根据在西南联大和云南大学讲授"乡村社会学"的部分讲稿整理而成的。

"天下兴亡，匹夫有责"，费孝通经常用这句话自勉。他的一生中经历了中国社会的巨大变迁。他身上体现出中国优秀知识分子所具有的高度社会责任感。他深切关注国家命运，关注人民的生活，毕生致力于学术研究，探索强国富民之路。费孝通写《乡土中国》的目的，就像他的助手张冠生所说,是为了"探寻一个好社会"。

二、作品推介

《乡土中国》一书,围绕"作为中国基层社会的乡土社会究竟是个怎样的社会"这一问题,从政治、经济、法律、道德、语言文字、社会变迁等多个角度进行分析,力求解剖中国乡土社会的结构。费孝通曾说:"搞清楚我所谓乡土社会这个概念,就可以帮忙我们去理解具体的中国社会。"

前中国人民大学校长陈雨露高度肯定本书:"《乡土中国》是讲述中国乡土社会传统文化和社会治理结构的代表作,为了解中国社会文化的基本特性提供了重要参考。"

中国人民大学赵旭东教授在《阅读〈乡土中国〉的价值》中大力推崇其阅读价值:"推算一下,《乡土中国》一书的初版到现在已经有七十多年了, 但是阅读它的人却不分年代和学科的与日俱增, 年轻的人从此种阅读之中可以了解到中国基层社会的结构究竟是怎样的, 由此而可以抓住事物的本质,不会为变动不居的社会现象所左右;而年长的人在此阅读之中会感同身受地领会到中国社会自身的变与不变的辩证。在一种前后、上下以及左右的社会与文化的比较之中,切实感受到乡土中国其真正的存在价值。"

经典作品,常具有超越时光的魅力。时至今日,《乡土中国》一书中的许多理论也并不过时。现实社会中的很多现象,仍可以在此书中找到答案。

走进《乡土中国》

整体而言,把《乡土中国》列入高中生"整本书阅读"的书目是比较适合的。原因有三:一是,虽然《乡土中国》是一本学术类著作,但阅读量不大,不到 10 万字,是典型的"大家小书"。全书共有 14 章,单章的篇幅也并不长,是进行学术类"整本书阅读"比较适合的入门级书目。二是,《乡土中国》语言通俗易懂、雅俗共赏。当年,费孝通先生一篇篇发表在报刊上时,在语言表达方面就注意到读者群的阅读水平问题,因此将专业的理论以形象生动的语言写出,让更多的读者可以读懂。三是,本书写作采用比较的方法,在概念的对比中,突出中国乡土社会的主要特点。阅读中,只要仔细分析对比概念,就能比较容易读懂本书。

但《乡土中国》毕竟是一本社会科学学术专著。无论是九年制义务教育阶段还是高中阶段,学生在课内、课外接触到的作品皆以文学类作品居多。虽说《乡土中国》语言通俗易懂、雅俗共赏,甚至很多地方不乏幽默,但其作为一部社会学专著,毕竟不同于学生以往惯读的文学作品。它既缺乏跌宕起伏的故事情节,又多出大量的专业理论和抽象的学术概念。且绝大多数的高中生对社会学这个领域几乎一无所知,甚至说是"门外汉"也毫不为过。学生对其既没有相关阅读经验又缺乏浓厚的阅读兴趣,产生一定程度的"畏难"

情绪是可以预见的。因此,在阅读过程中,如何培养阅读兴趣和积累学术类作品阅读经验就显得十分重要。

一、培养阅读兴趣

"第一次读这种学术性的书,不太能深入地读进去。"

"实实在在有许多概念,这是与我看过的其他书所不同的。"

"有些学术性的语言和引用的文言句子,读不大懂。"

"易懂章节中,所写的事或概念与现实生活接近,在生活中能看见书中所反映的现象。难懂章节一部分是领域触及较少的,如政治;另一部分是概念、例子与现实难联系。"

……

由学生的阅读情况反馈可见,有无阅读兴趣、举例多少、与现实生活是否接轨、例子有无代表性、有无类似的亲身体验、语言是否通俗易懂、有无相关的阅读经验等,都影响对本书的阅读理解。

如何攻克这些阅读障碍来培养阅读兴趣?也许你可以从下面几个方面进行尝试。

(一)明确阅读基本目标

读《乡土中国》一书,至少要了解哪些内容?一部文学作品可能用整本书的内容阐释一个主题,而学术类整本书往往有一个阐述的比较完整的学术体系。整本书可能会从很多角度来论述,如《乡土中国》目录14章按内容关联分类,可以划分出多个角度解读，但这些角度的结论合起来，是为了说明或解决一个"大问题"。

本书围绕"作为中国基层社会的乡土社会究竟是个怎样的社会"这一问题，从多个角度进行分析，力求解剖中国乡土社会的结构。阅读时，可以依据本书目录和各章节大致内容，分析各章节的主要概念、章节之间可能的联系，可以把《乡土中国》14章按一定的标准进行分类（下图仅供参考），从"全局"上理解本书各章节间的关系，然后围绕所分类的各个版块，进行下一步的精读。如（1）研读"概述"部分（《重刊序言》《后记》和《乡土本色》），多方位了解这本社会学经典之作的基本情况，明确阅读"预期"。（2）研究"语言文字"版块（《文字下乡》《再论文字下乡》），理清作者论证的逻辑思路，体会学者陈述学术见解的思维过程和表述方式。（3）研究"人际关系、道德"版块（《差序格局》《维系着私人的道德》），对核心概念进行比较，认清乡土社会的结构格局。（4）研究"经济"版块（《家族》《男女有别》《血缘和地缘》），分析"小家族"的功能，了解乡土社会在经济方面的特征。（5）研究"政治、法律"版块（《礼治秩序》《无讼》《无为政治》《长老统治》），联系当今社会现象，探讨乡土社会为什么是一个"无法"的社会。（6）研究"社会发展"版块（《血缘和地缘》《名实的分离》《从欲望到需要》），从经济形态、思想观念和人类行为动机的角度，探求从乡土社会到现代社会的转变。

《乡土中国》章节分类和学习任务意图

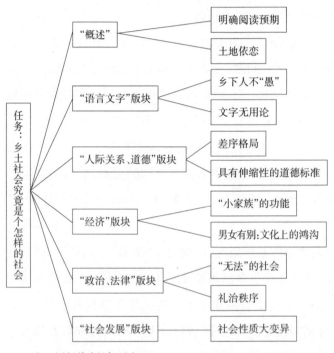

（二）培养阅读兴趣

　　建议同学们在阅读中引入大量的"活水"，即现实生活中的现象，来培养自己的阅读兴趣，边读《乡土中国》，边结合生活体验，举一反三、触类旁通，深入地思考问题。如，"中国的乡村中，为什么经常会出现'张家村''李家屯''窦家堡''刘家寨'等以姓氏命名村名的情况？""什么时候才需要保留大量的名片？乡土社会中，人们辨识一大堆的'王大哥'毫无难度；现代社会，为什么一堆的'Linda''Mary'却叫人难以迅速辨别?"等。兴趣是最好的老师。当我们发现,生活中的一些现象,原来可以在此书中找到解答,那么,阅读和参与讨论的兴趣就很容易产生了。你与书的距离也一下子就近了。

此外,还可以借助班级同学共读的优势,组建阅读兴趣小组。如,对应不同的阅读章节,可以组建语言文化研究小组、政治研究小组、人际关系和道德研究小组、经济研究小组、社会发展研究小组等。

组建阅读兴趣小组,好处多多。首先,其有助于我们在通读本书的基础上能有所侧重地进行细致化的文本章节阅读。其次,能让学生对自己研究的版块有"使命感",务必做到这个版块的"专家"。再者,有助于对文本解读产生丰富的呈现形式。如可以围绕核心概念或重要问题展开讨论、辩论,也可以通过举办乡土主题诗歌朗诵会,表演情景剧等形式加深对作品的理解。根据实践经验,组建阅读兴趣小组,还可能有一些意想不到的收获,如,可以带动一些不爱看书尤其对专业书籍毫无兴趣的同学。小组成员之间往往通过自行协商分配整理概念、语言和画思维导图等任务,每个同学都无法"袖手旁观",都得参与其中。

总之,组建阅读兴趣小组,能发挥"群读"优势,促进小组组员之间彼此分享阅读体会和积极参与讨论,互相帮助,深化对整本书内容的理解。

二、积累阅读经验

《乡土中国》是社科类学术著作，其内容与文学作品大不相同，因此学生在阅读初期，想按照以往的阅读方法阅读，往往会发现并不完全适用于学术类文本。当然，这并不是说我们以往的阅读方法就不管用了。文学类著作阅读常用的精读、略读、勾画圈点、批注法等阅读方法，依然可以很好地运用到《乡土中国》整本书的阅读中来。如，在阅读过程中，略读、精读、旁批结合，遇到疑惑处，要及时标注。很多学生反馈说，阅读中遇到有感触的地方写批注的办法，不仅帮助自己及时记录下当时所想，而且往往在旁批时，写着写着就不自觉地联想到其他的知识和现象。当第二遍翻阅时，偶尔还会有新的启发。

但作为一本学术类作品，《乡土中国》还有一些其他的阅读方法。下面列举几种，供同学们参考。

（一）抓"核心概念"

概念，尤其是核心概念，是费孝通先生为了说明中国乡土社会的特征而总结提炼出的。学生至少要通过了解《乡土中国》的"核心概念"，如"土气""差序格局""礼治秩序"等，明白乡土社会的性质，弄懂乡土社会与其他社会形态的不同。建议同学们通过摘抄、批注等方法，梳理目录和具体章节中出现的重要概念。抓住了"核心概念"，就能帮助同学们在阅读作品时快速抓住章节主干，抓住阅读重点。

（二）比较方法

费孝通先生为了避免研究落入以偏概全的弊病，提出了"比较方法和理论结合实际的对策"。为了突出中国乡土社会的主要性质，费孝通先生在刻画中国乡土社会的特征时，采用了和其他社会体系和社会关系对比的做法。阅读时，对涉及的"核心概念"，可以结合其他社会体系（如西洋社会）的特征（概念），反复细读和对比，在两相对比中，更深刻、全面地了解乡土社会的诸多特性。此外，《乡土中国》有大量的专业理论和抽象的学术概念，对学生而言，既容易混淆，读过之后又容易忘记。对《乡土中国》一书中的诸多概念，阅读时，要能"抓住难点，突出重点"。如"横暴权力、同意权力、教化权力、时势权力"等概念比较容易混淆。建议最好将这些概念梳理在一起，通过对比来区分这些概念的异同，达到对比清晰、一目了然的效果（示例见下图）。

乡土社会的权力结构

横暴权力	同意权力	教化权力	时势权力
社会冲突	社会合作	社会继替	社会巨变
压迫（上剥削下）	社会分工	教化过程	时势所造
获得利益	权力和义务	传承文化	解决问题
不发达	不发达	发达	不发达
受经济限制	受经济限制	传统有效	受社会变迁慢限制
不民主	民主	非民主又异于民主的专制	——

(三)梳理归纳法

阅读《乡土中国》的《重刊序言》《后记》,可以大致了解到这本书的基本情况。但是我们自主阅读这一部分时,往往浮光掠影,耐不住性子深读的,留下的印象很浅,不利于理解著作的特点和价值。针对这一难题,建议围绕"如何分析一本书",梳理其中的重要信息(见下图)。

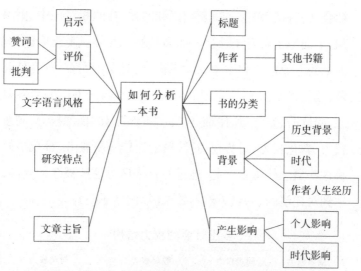

同学们可以自主梳理这些信息,也可以与小组成员合作,分工进行。通过梳理、分类、归纳《重刊序言》《后记》,基本就能从整体上了解社会学的发展史、《乡土中国》写作的大背景、研究目的、研究方法、学者的社会责任担当等(见下图)信息,做到"知人论世",为阅读本书做好前期准备(见下图)。总之,梳理归纳法,不仅能清晰,而且快速地让学生掌握关于这本学术著作的基本信息，是初读本书时一种非常便捷的方法。

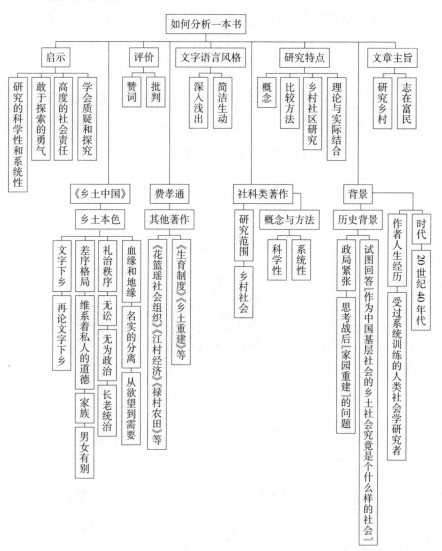

（四）思维导图法

思维导图是一个很好的工具，它本身具备图文并茂的形式，能用清晰的线条将大量相关的、散见于各章节的知识整合在一起，打通章节壁垒，帮助同学们从"全局"统观整本书。另外，思维导图能使对比一目了然，且有条理，这些优点使它非常适合被用来分析文章的论证逻辑。如，以《文字下乡》为例（见下图），从空间上看，乡土社会是一个面对面的

《文字下乡》论证的逻辑思路图

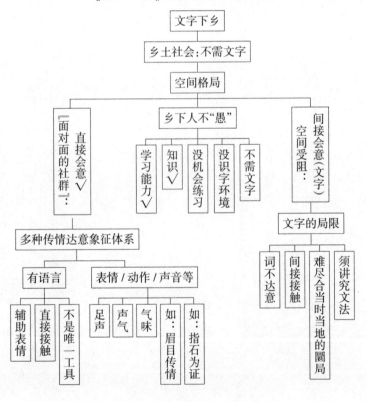

社群,有多种传情达意的象征体系,人们可以直接用语言沟通交流,"不必求助于文字"。与之相比,文字则是在空间受阻下的被迫选择,且受到很难尽合于当时当地的圜局①等限制,"文字所能传的情、达的意是不完全的""有时会词不达意引起误会"。通过分析语言文字的作用,可以得出结论——人们在沟通和传递经验方面不存在空间的阻隔,没有文字,不会影响其社会生活。借助思维导图,分析材料和观点之间的关系,同学们可以清晰地把握作者论证的逻辑思路。

(五)关注调查材料

费孝通先生在《后记》中提到自己学术研究有两个阶段。第一期的工作是实地的社区研究。其代表作有之前提到过的《江村经济》《禄村农田》等。第二期工作是社会结构的分析,代表作有《乡土中国》等。这两个阶段虽各有侧重,但在性质上是连贯的。虽说《乡土中国》试图从宏观上追踪中国乡土社会的特点,但很多重要概念的提炼是来自具体社会现象。费孝通先生对中国乡村社会特点的探索并不是只凭着一腔热情,而是以多年来扎实且丰富的实地调查为基础,不断地进行学术探索。《乡土中国》是以中国的事实来说明乡土社会的特性的。因此,在阅读时,要关注书中的调查

---

① 个体周边客观条件的局限。

材料，来帮助自己加深对重要概念或乡土社会特征的理解。

（六）内外勾连阅读法

阅读绝不应该是孤立地阅读作品本身，而是要借助作品，理解生活，指导生活。当今的学生，很多对乡村的环境是十分陌生的。如何能更好地理解书中的一些观点，仅凭费孝通先生书中的例子显然还不够。同学们如果能努力联系生活中常见的现象，则非常有助于印证和思索书中的一些观点。譬如，在乡土社会中，亲戚、邻里之间偶尔会互赠自家地里产出的瓜果菜蔬等，而很少从对方手里买这些东西，这一现象可印证"商业社会是血缘之外发展的"。

当然，同学们也可以在阅读中寻求其他适合自己的读书方法，积累学术类整本书阅读的经验。

对话《乡土中国》

阅读一本书的过程，不只是了解知识和接受作者观点的过程，它还应该是一个学生与作者、文本之间的积极对话的过程。学生充分调动自己的能动性，在与作者、文本对话过程中，对《乡土中国》一书的内容可以印证，可以拓展，可以质疑，可以深化……

一、对话作者

作为一个社会学的研究学者，费孝通先生身上体现出高度的社会责任感。从放弃医学，选择社会学开始，他毕生都把"志在富民"作为自己学术研究的根本目的。

他曾自述在自己年复一年的实地调查行程中，最常见的场景就是读书。即便放下书本，他也能从窗外水塔和烟囱的密度判断当地的工业发展程度，从村民的衣着穿戴和面貌神态，估算当地农民的人均收入……

读《乡土中国》，能从字里行间感受到他身上具有的许多优秀品质：开阔的学术视野、脚踏实地的实干精神、探索未知领域的勇气、学术思想的严谨表达、终身对学习的渴求、高度的社会责任感……这些无不值得我们后人敬佩和学习，然而，他的学术研究也并非毫无引人争议的地方。譬如，在说明乡土社会的语言文化时，他基本不是以实证调查为主，而是联系文化传递，以功能理论来分析语言文字的作用。其结论并非无可争议。又如，描述"差序格局"特征的"水波纹"比喻固然十分形象，但从学术概念上来讲，是否精确？还有，乡土社会里，皇权政治是不是真的"无为"？《乡土中国》一书中的一些说法，其实是有待商榷或需明确适用范围的。

然而，费孝通先生最令人敬佩的地方就是他并不回避承认自己有些想法"不成熟"，这促使他勇于去探索，去尝试找寻答案。此外，费孝通先生身上还有一种难能可贵的学术品质——自省精神：作为一个社会学的研究者，应该以一个"局外人"的身份去进行"社会实验"（观察别人的生活）？还是他自己也是"社会实验"的"实验材料"？个人与社会又是什么关系？作者通过对一生学术经历的自我思考，来回答这些问题。在晚年，他曾反省自己之前的学术研究存在"见社会不见人"的缺点——更多关注的是社会的变化而忽视相应的人的变化。在学术研究后期，他认识到社会和人的关系是辩证统一体中的两面，在活动的机制里互相起作用。从中我们也可以感受到，学术研究本身就是一个不断探索的过程。学术认知也应该是一个不断更新的过程。

二、对话文本

（一）联系生活，多向阅读

《乡土本色》中论述了乡土社会最大的两个特点："土气"和"聚居"。土地是不流动的，因此，靠土地谋生的人也是黏着在土地上的，人们聚村而居，"像是半身插入了土里"。在这里，人口的流动必然是不频繁的，"定居是常态，迁移是变态"。在阅读《乡土本色》一章时，为了更深入地认识乡土社会的这些特征，可以联系现实生活中的现象进行思考。如，中国人自古安土重迁，为什么现如今"北漂""南漂"这么多？相比前些年每逢春节深圳犹如一座"空城"的景象，如今留在深圳过春节的人开始多了起来，该怎么看待这种现象？联系生活，不仅有助于学生了解乡土社会的主要特征，还有助于其看到现代社会与之不同之处：现代社会商业发达，土地对人的束缚力变弱，甚至很多农村人也不再以土地为谋生的主要手段,选择进城打工,人口的流动性也随之增强。

(二)依托经典,援疑质理

《文字下乡》和《再论文字下乡》两章中,费孝通先生反驳城里人认为乡下人"愚"这个偏见时,举了一个生活实例,即"乡下孩子在教室里认字认不过教授的孩子,教授们的孩子在田野里捉蚱蜢捉不过乡下孩子"。阅读时,可以将这个例子与鲁迅先生《少年闰土》(选自《故乡》)里的闰土和迅哥联系起来。乡下孩子闰土对文字并没有迫切的来自生活上的需求。闰土捕鸟厉害而不识字,而迅哥识字厉害却不会捕鸟。迅哥识字并不能说明他比闰土更聪明。生活环境的不同决定他们所需要的生活知识不同。因为对初中课文熟悉,学生理解起来会非常容易。在此基础上,分析闰土的"未来"和迅哥的"未来",将之进行对比,然后进一步思考:如果闰土识字,他的命运会不会有所改变?乡土社会"真的"不需要文字吗?如果可以进一步思考,还可以涉及现代的"九年制义务教育""高考改变命运""文字缩短认知差距""农民微商"等话题。

(三)勾连传统,拓展思维

《差序格局》和《维系着私人的道德》两章中,费孝通先生提出"差序格局"这一概念。作者用比喻论证的方式,形象地阐释了它依存的社会土壤——以血缘为纽带的熟人社会,每个人社会关系的出发点都是"己",以自己为圆心,像一颗石子投入水中所产生的波纹一般，他的人际关系也这般由亲到疏、由近到远推展开来。《伤仲永》一文中，小仲永所作之诗，得到乡人赞许，除了才思敏捷，文理可观，还因小小年纪，就深知赡养父母，团结同宗族的道理。当一件事情发生，一个人首先不是按社会行为规范的标准来衡量，而是先考虑事件涉及的对象和"自己"关系的亲疏远近，然后再判断具体该如何对待此事。这让人不由想起《韩非子》中的一个寓言：宋国有个富人，一天大雨把他家的墙淋坏了。他儿子说："不修好，一定会有人来偷窃。"邻居家的一位老人也这样说。晚上富人家里果然丢失了很多东西。富人觉得他儿子很聪明，而怀疑是邻居家的老人偷的。2003年高考语文全国卷作文题曾就这一则寓言设题：感情上的亲疏远近和对事物认知的正误深浅有没有关系呢？是什么样的关系呢？同学们在阅读时，也不妨结合其他的书外的材料，帮助自己拓展思维广度。

（四）他山之石，可以攻玉

即便阅读了《家族》《男女有别》两章，我们也不容易弄清楚为什么乡土社会"家"的结构原则是一贯的、单系的差序格局、男女之别到底"别"在哪些地方。对男女性别分工的理解可能也只停留在"男人是主要劳动力，女人只是做些辅助的家务"这一呆板印象上。这种情况下，可以适当借助一些相关的学术著作或论文等辅助材料，帮助自己理解书中内容或拓宽阅读视野。如《失落的选择:村妇依旧守农田》①一文曾提到以下信息:费孝通在20世纪30年代对禄村稻农中男女不公平现象进行过观察,发现在农业生产上,男女存在着很明确的性别劳动分工,"尽管妇女是农田劳动者,但土地却被认为是属于男人的";费孝通还有力地反驳了卜凯对南方妇女农业劳动的低估,认为农业劳动力的"女性化"初现端倪,"妇女曾有可能比男性承担了更多的农活"……胡玉坤的论文,或多或少会弥补学生在这方面认知的不足。

(五)以读促写,以写促读

课标中指出:"每一个学习任务群,都要为'语言积累、梳理与探究'学习任务群提出问题,提供资料,准备必要的条件。"学术类著作《乡土中国》的整本书阅读也可以兼顾对语言品读和写作能力的培养,使学生在语言建构与运用、思维发展与提升等综合能力上得到发展。在阅读《礼治秩序》《无讼》《无为政治》《长老统治》后,有学生认为,当代社会重视"法治",而"礼治"的一些优秀传统被当成糟粕丢弃了,这是很可惜的。如果能发挥"礼"中优秀的传统,让人们从内心对好的社会规则产生主动服膺的心理,那么社会会更美好。这想法其实符合近些年提倡重视传统文化中的"德""礼"等理念。当今社会,法治观念早已深入人心,人们已经习惯了

---

① 胡玉坤.《中国图书评论》.2006年第10期4—10,共7页。

生活的方方面面有法律的存在。但"乡土社会并不是这种社会，我们可以说这是个'无法'的社会，假如我们把法律限于以国家权力所维持的规则。"那么，在阅读中，可以思考一下：乡土社会是如何维持社会秩序的？并在阅读这几章后，为乡土"逆旅"写一则"旅客须知"。也可以在观看电影《秋菊打官司》后，围绕"法律下乡可能遇到的问题"展开讨论，为乡村"法制化"的推行提供可行的建议。或者也可以写一篇小短文，试着谈一谈：在乡土社会向当代社会的转型期中，乡土社会是如何维持社会秩序的？以读促思，以思促写，有助于学生在深刻领悟文章的基础上，进一步用写作将理解行诸笔端。

（六）与时俱进，关注变化

《血缘和地缘》《名实的分离》《从欲望到需要》这三章，每章的标题都是两两相对的概念，从概念的变化中，其实能窥见社会的发展变迁（见第24页图）。分析血缘与地缘的联系与分离，可以了解到血缘、地缘逐渐分离对经济发展方面的影响；分析"长老权力"（教化权力）与"时势权力"的不同，可以了解到社会权力结构的变化；从"名实合一"到"名实分离"，可以看到思想观念的变化；从人们依靠欲望行事到根据"需要"，理性地计划，可以窥见人类行为动机方面发生的变化。总而言之，本书最后三章，作者在探索：是哪些因素在促使乡土社会从"同一个故事"走向不同？

社会变迁

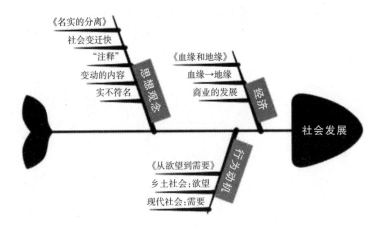

　　距离费孝通先生写作此书的时代，已经过去了七十多年。今天的乡土社会和费孝通先生笔下的乡土社会相比，已经出现了很多新的变化。《乡土中国》这本书的理论能否用来分析、解释这些新的变化？同学们可以用发展的眼光，关注当代文化，边读书，边思考，边探究当代生活中的一些现象。这样读书，就比较有趣了。

小结

　　虽说不同的书有不同的读法，但也有万变不离其宗的东西——调动阅读的热情，成为阅读真正的主体，把读书变成一种渴望。在整本书阅读中，不断培养自己爱读书、会读书的好习惯，做一个会独立思考的人。

目 录

重刊序言

这本小册子的写作经过，在《后记》里已交代清楚。这里收集的是我在四十年代①后期，根据我在西南联大和云南大学所讲"乡村社会学"一课的内容，应当时《世纪评论》之约，而写成分期连载的十四篇文章。

我当时在大学里讲课，不喜欢用现存的课本，而企图利用和青年学生们的接触机会，探索一些我自己觉得有意义的课题。那时年轻，有点初生之犊的闯劲，无所顾忌地想打开一些还没有人闯过的知识领域。我借"乡村社会学"这讲台来追究中国乡村社会的特点。我是一面探索一面讲的，所讲的观点完全是讨论性的，所提出的概念一般都没有经过

---

① 指 20 世纪。

琢磨,大胆朴素,因而离开所想反映的实际,常常不免有相当大的距离,不是失之片面,就是走了样。我敢于在讲台上把自己知道不成熟的想法,和盘托出在青年人的面前,那是因为我认为这是一个比较好的教育方法。我并不认为教师的任务是在传授已有的知识,这些学生们自己可以从书本上去学习,而主要是在引导学生敢于向未知的领域进军。作为教师的人就得带个头。至于攻关的结果是否获得了可靠的知识,那是另一个问题。实际上在新闻的领域中,这样要求也是不切实际的。

在教室里讲课和用文字传达,公开向社会上发表,当然不能看作一回事。在教室里,教师是在带领学生追求知识,把未知化为已知。在社会上发表一种见解,本身是一种社会行动,会引起广泛的社会效果。对实际情况不正确的反映难免会引起不良的影响。我是明白这个道理的,在发表这些文章之前,犹豫过。所以该书初次出版时在《后记》中向读者恳切说明:由于刊物的编者"限期限日地催稿,使我不能等很多概念成熟之后才发表"。"这算不得是定稿,也不能说是完稿,只是一段尝试的记录罢了"。尝试什么呢?尝试回答我自己提出的 "作为中国基层社会的乡土社会究竟是个什么样的社会"这个问题。

　　这书出版是在 1947 年，离今已有三十七年。三联书店为什么建议我把这本小册子送给他们去重刊，我不知道。我同意他们的建议是因为我只把它看成是我一生经历中留下的一个脚印，已经踏下的脚印是历史的事实，谁也收不回去的。现在把它作为一件反映解放前夕一些年轻人在知识领域里猛闯猛攻的标本，拿出来再看看，倒另有一番新的意义。至于本书内容所提出的论点，以我现有的水平来说，还是认为值得有人深入研究的，而且未始没有现实的意义。

　　这本小册子和我所写的《江村经济》《禄村农田》等调查报告性质不同。它不是一个具体社会的描写，而是从具体社会里提炼出的一些概念。这里讲的乡土中国，并不是具体的中国社会的素描，而是包含在具体的中国基层传统社会里的一种特具的体系，支配着社会生活的各个方面。它并不排斥其他体系同样影响着中国的社会，那些影响同样可以在中国的基层社会里发生作用。搞清楚我所谓"乡土社会"这个概念，就可以帮助我们去理解具体的中国社会。概念在这个意义上，是我们认识事物的工具。

　　我这种尝试，在具体现象中提炼出认识现象的概念，在英文中可以用 Ideal type 这个名词来指称。Ideal type 的适当翻译可以说是"观念中的类型"，属于理性知识的范畴。它并不是虚构，也不是理想，而是存在于具体事物中的普遍性质，是通过人们的认识过程而形成的概念。这个概念的形成既然是从具体事物里提炼出来的，那就得不断地在具体事物里去核实，逐步减少误差。我称这是一项探索，又一再说是初步的尝试，得到的还是不成熟的观点，那就是说如果承认这样去做确可加深我们对中国社会的认识，那就还得深入下去，还需要花一番工夫。

这本书最初出版之后，一搁已有三十七年。在这一段时间里，由于客观的条件，我没有能在这方面继续搞下去。当三联书店提出想重刊此书时，我又从头读了一遍。我不能不为当时那股闯劲所触动。而今老矣。回头看，那一去不复返的年轻时代也越觉得可爱。我愿意把这不成熟的果实奉献给新的一代年轻人。这里所述的看法大可议论，但是这种一往无前的探索的劲道，看来还是值得观摩的。让我在这种心情里寄出这份校订过的稿子给书店吧。

费孝通

1984 年 10 月 11 日

乡土本色

从基层上看去，中国社会是乡土性的。我说中国社会的基层是乡土性的，那是因为我考虑到从这基层上曾长出一层和乡土基层不完全相同的社会，而且在近百年来更在东西方接触边缘上发生了一种很特殊的社会。这些社会的特性我们暂时不提，将来再说。我们不妨先集中注意那些被称为土头土脑的乡下人，他们才是中国社会的基层。

我们说乡下人土气，虽则似乎带着几分藐视的意味，但这个"土"字却用得很好。"土"字的基本意义是指泥土。乡下人离不了泥土，因为在乡下住，种地是最普通的谋生办法。在我们这片远东大陆上，可能在很古的时候住过些还不知道种地的原始人，那些人的生活怎样，对于我们至多只有一些好奇的兴趣罢了。以现在的情形来说，这片大陆上最大多数的人是拖泥带水下田讨生活的了。我们不妨缩小一些范围来看，三条大河①的流域已经全是农业区。而且，据说凡是从这个农业老家里迁移到四围边地上去的子弟，也老是很忠实地守着这直接向土里去讨生活的传统。最近我遇着一位到内蒙旅行回来的美国朋友，他很奇怪地问我：你们中原去的人，到了这最适宜于放牧的草原上，依旧锄地播种，一家家划着小小的一方地，种植起来；真像是向土里一钻，看不到其他利用这片地的方法了。我记得我的老师史禄国②先生也告诉过我，远在西伯利亚，中国人住下了，不管天气如何，还是要下些种子，试试看能不能种地。——这样说来，我们的民族确是和泥土分不开的了。从土里长出过光荣的历史，自然也会受到土的束缚，现在很有些飞不上天的样子。

靠种地谋生的人才明白泥土的可贵。城里人可以用土气来藐视乡下人，但是乡下，"土"是他们的命根。在数量上占着最高地位的神，无疑是"土地"。"土地"这位最近于人性的神，老夫老妻白首偕老的一对，管着乡间一切的闲事。

---

① 此处指黄河、长江、珠江。
② 史禄国(1887—1939)，俄罗斯人类学奠基者，现代人类学先驱之一。他的后半生有将近 20 年在中国度过，绝大部分著作也在中国出版，为中国民族学和人类学的发展做出了重要贡献。

他们象征着可贵的泥土。我初次出国时,我的奶妈偷偷地把一包用红纸裹着的东西,塞在我箱子底下。后来,她又避了人和我说,假如水土不服,老是想家时,可以把红纸包裹着的东西煮一点汤吃。这是一包灶上的泥土。——我在《一曲难忘》的电影里看到了东欧农业国家的波兰也有着类似的风俗,使我更领略了"土"在我们这种文化里所占和所应当占的地位了。

农业和游牧或工业不同,它是直接取资于土地的。游牧的人可以逐水草而居,飘忽无定;做工业的人可以择地而居,迁移无碍;而种地的人却搬不动地,长在土里的庄稼行动不得,侍候庄稼的老农也因之像是半身插入了土里,土气是因为不流动而发生的。

直接靠农业来谋生的人是黏着在土地上的。我遇见过一位在张北一带研究语言的朋友。我问他说在这一带的语言中有没有受蒙古话的影响。他摇了摇头,不但语言上看不出什么影响,其他方面也很少。他接着说:"村子里几百年来老是这几个姓,我从墓碑上去重构每家的家谱,清清楚楚的,一直到现在还是那些人。乡村里的人口似乎是附着在土上的,一代一代地下去,不太有变动。"——这结论自然应当加以条件的,但是大体上说,这是乡土社会的特性之一。我们很可以相信，以农为生的人，世代定居是常态，迁移是变态。大旱大水，连年兵乱，可以使一部分农民抛井离乡；即使像抗战这样大事件所引起基层人口的流动，我相信还是微乎其微的。

当然，我并不是说中国乡村人口是固定的。这是不可能的，因为人口在增加，一块地上只要几代的繁殖，人口就到了饱和点；过剩的人口自得宣泄出外，负起锄头去另辟新地。可是老根是不常动的。这些宣泄出外的人，像是从老树上被风吹出去的种子，找到土地的生存了，又形成一个小小的家族殖民地，找不到土地的也就在各式各样的运命下被淘汰了，或是"发迹了"。我在广西靠近瑶山的区域里还看见过这类从老树上吹出来的种子，拼命在垦地。在云南，我看见过这类种子所长成的小村落，还不过是两三代的事；我在那里也看见过找不着地的那些"孤魂"，以及死了给狗吃的路毙尸体。

不流动是从人和空间的关系上说的，从人和人在空间的排列关系上说就是孤立和隔膜。孤立和隔膜并不是以个人为单位的，而是以住在一处的集团为单位的。本来，从农业本身看，许多人群居在一处是无须的。耕种活动里分工的程度很浅，至多在男女间有一些分工，好像女的插秧，男的锄地等。这种合作与其说是为了增加效率，不如说是因为在某一时间男的忙不过来，家里人出来帮帮忙罢了。耕种活动中既不向分工专业方面充分发展，农业本身也就没有聚集许多人住在一起的需要了。我们看见乡下有大小不同的聚居社区，也可以想到那是出于农业本身以外的原因了。

乡下最小的社区可以只有一户人家。夫妇和孩子聚居于一处有着两性和抚育上的需要。无论在什么性质的社会里，除了军队、学校这些特殊的团体外，家庭总是最基本的抚育社群。在中国乡下这种只有一户人家的小社区是不常见的。在四川的山区种梯田的地方，可能有这类情形，大多的农民是聚村而居。这一点对于我们乡土社会的性质很有影响。美国的乡下大多是一户人家自成一个单位，很少屋檐相接的邻舍。这是他们早年拓殖时代，人少地多的结果，同时也保持了他们个别负责、独来独往的精神。我们中国很少类似的情形。

中国农民聚村而居的原因大致说来有下列几点：一、每家所耕的面积小，所谓小农经营，所以聚在一起住，住宅和农场不会距离得过分远。二、需要水利的地方，他们有合作的需要，在一起住，合作起来比较方便。三、为了安全，人多了容易保卫。四、土地平等继承的原则下，兄弟分别继承祖上的遗业，使人口在一地方一代一代地积起来，成为相当大的村落。

无论出于什么原因，中国乡土社区的单位是村落，从三家村起可以到几千户的大村。我在上文所说的孤立、隔膜是就村和村之间的关系而说的。孤立和隔膜并不是绝对的，但是人口的流动率小，社区间的往来也必然疏少。我想我们很可以说，乡土社会的生活是富于地方性的。地方性是指他们活动范围有地域上的限制，在区域间接触少，生活隔离，各自保持着孤立的社会圈子。

乡土社会在地方性的限制下成了生于斯、死于斯的社会。常态的生活是终老是乡。假如在一个村子里的人都是这样的话，在人和人的关系上也就发生了一种特色，每个孩子都是在人家眼中看着长大的，在孩子眼里周围的人也是从小就看惯的。这是一个"熟悉"的社会，没有陌生人的社会。

在社会学里，我们常分出两种不同性质的社会：一种并没有具体目的，只是因为在一起生长而发生的社会；一种是为了要完成一件任务而结合的社会。用Tonnies①的话说：前

---

① 费迪南德·滕尼斯(1855—1936)，德国社会学家。

者是 Gemeinschaft①,后者是 Gesellschaft②;用 Durkheim③的话说:前者是"有机的团结",后者是"机械的团结"。用我们自己的话说,前者是礼俗社会,后者是法理社会。——我以后还要详细分析这两种社会的不同。在这里我想说明的是生活上被土地所围住的乡民,他们平素所接触的是生而与俱的人物,正像我们的父母兄弟一般,并不是由于我们选择得来的关系,而是无须选择,甚至先我而在的一个生活环境。

熟悉是从时间里、多方面、经常的接触中所发生的亲密的感觉。这感觉是无数次的小摩擦里陶炼出来的结果。这过程是《论语》第一句里的"习"字。"学"是和陌生事物的最初接触,"习"是陶炼,"不亦说乎"是描写熟悉之后的亲密感觉。在一个熟悉的社会中,我们会得到从心所欲而不逾规矩的自由。这和法律所保障的自由不同。规矩不是法律,规矩是"习"出来的礼俗。从俗即是从心。换一句话说,社会和个人在这里通了家。

"我们大家是熟人,打个招呼就是了,还用得着多说

---

① 礼俗社会。
② 法理社会。
③ 埃米尔·杜尔凯姆(1858—1917),法国社会学家。与卡尔·马克思及马克斯·韦伯并列为社会学的三大奠基人。

吗？"——这类的话已经成了我们现代社会的阻碍。现代社会是个陌生人组成的社会，各人不知道各人的底细，所以得讲个明白；还要怕口说无凭，画个押，签个字。这样才发生法律。在乡土社会中法律是无从发生的。"这不是见外了吗？"乡土社会里从熟悉得到信任。这信任并非没有根据的，其实最可靠也没有了，因为这是规矩。西洋的商人到现在还时常说中国人的信用是天生的。类于神话的故事真多：说是某人接到了大批瓷器，还是他祖父在中国时订的货，一文不要地交了来，还说着许多不能及早寄出的抱歉话。——乡土社会的信用并不是对契约的重视，而是发生于对一种行为的规矩熟悉到不假思索时的可靠性。

这自是"土气"的一种特色。因为只有直接有赖于泥土的生活才会像植物一般地在一个地方生下根，这些生了根在一个小地方的人，才能在悠长的时间中，从容地去摸熟每个人的生活，像母亲对于她的儿女一般。陌生人对于婴孩的话是无法懂的，但是在做母亲的人听来都清清楚楚，还能听出没有用字音表达的意思来。

不但对人，他们对物也是"熟悉"的。一个老农看见蚂蚁在搬家了，会忙着去田里开沟，他熟悉蚂蚁搬家的意义。从熟悉里得来的认识是个别的，并不是抽象的普遍原则。在熟悉的环境里生长的人,不需要这种原则,他只要在接触所及的范围之中知道从手段到目的间的个别关联。在乡土社会中生长的人似乎不太追求这笼罩万有的真理。我读《论语》时,看到孔子在不同人面前说着不同的话来解释"孝"的意义时,我感觉到这乡土社会的特性了。孝是什么?孔子并没有抽象地加以说明,而是列举具体的行为,因人而异地答复了他的学生。最后甚至归结到"心安"二字。做子女的得在日常接触中去摸熟父母的性格,然后去承他们的欢,做到自己的心安。这说明了乡土社会中人和人相处的基本办法。

这种办法在一个陌生人面前是无法应用的。在我们社会的急速变迁中,从乡土社会进入现代社会的过程中,我们在乡土社会中所养成的生活方式处处产生了流弊。陌生人所组成的现代社会是无法用乡土社会的习俗来应付的。于是,"土气"成了骂人的词汇,"乡"也不再是衣锦荣归的去处了。

文字下乡

乡下人在城里人眼睛里是"愚"的。我们当然记得不少提倡乡村工作的朋友们，把愚和病贫联结起来去作为中国乡村的症候。关于病和贫我们似乎还有客观的标准可说，但是说乡下人"愚"，却是凭什么呢？乡下人在马路上听见背后汽车连续地按喇叭，慌了手脚，东避也不是，西躲又不是，司机拉住闸车，在玻璃窗里，探出半个头，向着那土老头儿，啐了一口："笨蛋！"——如果这是愚，真冤枉了他们。我曾带了学生下乡，田里长着苞谷，有一位小姐，冒充着内行，说："今年麦子长得这么高。"旁边的乡下朋友，虽则没有啐她一口，但是微微地一笑，也不妨译作"笨蛋"。乡下人没有见过城里的世面，因之而不明白怎样应付汽车，那是知识问题，不是智力问题，正等于城里人到了乡下，连狗都不会赶一般。如果我们不承认郊游的仕女们一听见狗吠就变色是"白痴"，也就自然没有理由说乡下人不知道"靠左边走"或"靠右边走"等时常会因政令而改变的方向是因为他们"愚不可及"了。"愚"在什么地方呢？

其实乡村工作的朋友说乡下人愚那是因为他们不识字，我们称之曰"文盲"，意思是白生了眼睛，连字都不识。这自然是事实。我决不敢反对文字下乡的运动，可是如果说不识字就是愚，我心里总难甘服。"愚"如果是指智力的不足或缺陷，那么识字不识字并非愚不愚的标准。智力是学习的能力。如果一个人没有机会学习，不论他有没有学习的能力还是学不到什么的。我们是不是说乡下人不但不识字，而且识字的能力都不及人呢？

说到这里我记起了疏散在乡下时的事来。同事中有些孩子被送进了乡间的小学，在课程上这些孩子样样都比乡下孩子学得快、成绩好。教员们见面时总在家长面前夸奖这些孩子们有种、聪明。这等于说教授们的孩子智力高。我对于这些恭维自然是私心窃喜。穷教授别的已经全被剥夺，但是我们还有别种人所望尘莫及的遗传。但是有一天，我在田野里看放学回来的小学生们捉蚱蜢，那些"聪明"而"有种"的孩子，扑来扑去，屡扑屡失，而那些乡下孩子却反应灵敏，一扑一得。回到家来，刚来的一点骄傲似乎又没有了着落。

乡下孩子在教室里认字认不过教授们的孩子，和教授们的孩子在田野里捉蚱蜢捉不过乡下孩子，在意义上是相同的。我并不责备自己孩子蚱蜢捉得少，第一是我们无需用蚱蜢来加菜(云南乡下蚱蜢是下饭的，味道很近于苏州的虾干)，第二是我的孩子并没有机会练习。教授们的孩子穿了鞋袜，为了体面，不能不择地而下足，弄污了回家来会挨骂，于是在他们捉蚱蜢时不免要有些顾忌，动作不活灵了。这些也许还在其次，他们日常并不在田野里跑惯，要分别草和虫，须费一番眼力，蚱蜢的保护色因之易于生效。——我为自己孩子所作的辩护是不是同样也可以用之于乡下孩子在认字上的"愚"呢?我想是很适当的。乡下孩子不像教授们的孩子到处看见书籍，到处接触着字，这不是他们日常所混熟的环境。教授们的孩子并不见得一定是遗传上有什么特别善于识字的能力，显而易见的却是有着易于识字的环境。这样说来，乡下人是否在智力上比不上城里人，至少还是个没有结论的题目。

这样看来，乡村工作的朋友们说乡下人愚，显然不是指他们智力不及人，而是说他们知识不及人了。这一点，依我们上面所说的，还是不太能自圆其说。至多是说，乡下人在城市生活所需的知识上是不及城市里人多，这是正确的。我们是不是也因之可以说乡下多文盲是因为乡下本来无需文字眼睛呢？说到这里，我们应当讨论一下文字的用处了。

　　我在上一篇里说明了乡土社会的一个特点就是这种社会的人是在熟人里长大的。用另一句话来说，他们生活上互相合作的人都是天天见面的。在社会学上我们称之作 Face-to-face Group，直译起来是"面对面的社群"。归有光的《项脊轩记》①里说，他日常接触的老是那些人，所以日子久了可以用脚步声来辨别来者是谁。在"面对面的社群"里甚至可以不必见面而知道对方是谁。我们自己虽说是已经多少在现代都市里住过一时了，但是一不留心，乡土社会里所养成的习惯还是支配着我们。你不妨试一试，如果有人在你门上敲着要进来，你问："谁呀？"门外的人十之八九回答你一个大声的"我"。这是说，你得用声气辨人。在"面对面的社群"里一起生活的人是不必通名报姓的。很少太太会在门外用姓名来回答丈夫的发问。但是我们因为久习于这种"我呀！""我呀！"的回答，也很有时候用到了门内人无法辨别你声音的场合。我有一次，久别家乡回来，在电话里听到了一个无法辨别的"我呀"时，的确闹了一个笑话。

---

① 即《项脊轩志》，项脊轩为归有光的书斋名。

"贵姓大名"是因为我们不熟悉而用的。熟悉的人大可不必如此，足声、声气，甚至气味，都可以是足够的"报名"。我们社交上姓名的不常上口也就表示了我们原本是在熟人中生活的，是个乡土社会。

文字发生之初是"结绳记事"，需要结绳来记事是为了在空间和时间中人和人的接触发生了阻碍。我们不能当面讲话，才需要找一些东西来代话。在广西的瑶山里，部落有急，就派了人送一枚铜钱到别的部落里去，对方接到了这记号，立刻派人来救。这是"文字"，一种双方约好代表一种意义的记号。如果是面对面可以直接说话时，这种被预先约好的意义所拘束的记号，不但多余，而且有时会词不达意引起误会的。在十多年前青年们谈恋爱，受着直接社交的限制，通行着写情书，很多悲剧是因情书的误会而发生的。有这种经验的人必然能痛悉文字的限制。

文字所能传的情、达的意是不完全的。这不完全是出于"间接接触"的原因。我们所要传达的情意是和当时当地的外局相配合的。你用文字把当时当地的情意记了下来，如果在异时异地的圜局中去看，所会引起的反应很难尽合于当时当地的圜局中可能引起的反应。文字之成为传情达意的工具常有这个无可补救的缺陷。于是在利用文字时，我们要讲究文法，讲究艺术。文法和艺术就在减少文字的"走样"。

在说话时，我们可以不注意文法。并不是说话时没有文法，而是因为我们有着很多辅助表情来补充传达情意的作用。我们可以用手指指着自己而在话里吃去一个"我"字。在写作时却不能如此。于是我们得尽量地依着文法去写成完整的句子了。不合文法的字词难免引起人家的误会，所以不好。说话时我们如果用了完整的句子，不但显得迂阔，而且可笑。这是从书本上学外国语的人常会感到的痛苦。

文字是间接的说话，而且是个不太完善的工具。当我们有了电话、广播的时候，书信文告的地位已经大受影响。等到传真的技术发达之后，是否还用得到文字，是很成问题的。

这样说来，在乡土社会里不用文字绝不能说是"愚"的表现了。面对面的往来是直接接触，为什么舍此比较完善的语言而采取文字呢？

我还想在这里推进一步说，在"面对面社群"里，连语言本身都是不得已而采取的工具。语言本是用声音来表达的象征体系。象征是附着意义的事物或动作，我说"附着"是因为"意义"是靠联想作用加上去的,并不是事物或动作本身具有的性质。这是社会的产物,因为只有在人和人需要配合行为的时候,个人才需要有所表达;而且表达的结果必须使对方明白所要表达的意义。所以象征是包括多数人共认的意义,也就是这一事物或动作会在多数人中引起相同的反应。因之,我们绝不能有个人的语言,只能有社会的语言。要使多数人能对同一象征具有同一意义,他们必须有着相同的经历,就是说在相似的环境中接触和使用同一象征,因而在象征上附着了同一意义。因此在每个特殊的生活团体中,必有他们特殊的语言,有许多别种语言所无法翻译的字句。

语言只能在一个社群所有的相同经验的一层上发生。群体愈大,包括的人所有的经验愈繁杂,发生语言的一层共同基础也必然愈有限,于是语言也愈趋于简单化。这在语言史上是看得很清楚的。

可是从另一方面说,在一个社群所用的共同语言之外,也必然会因个人间的需要而发生许多少数人间的特殊语言,即所谓的"行话"。行话是同行人中的话,外行人因为没有这种经验,不会懂的。在每个学校里,甚至每个寝室里,都有他们特殊的语言。最普遍的特殊语言发生在母亲和孩子之间。

"特殊语言"不过是亲密社群中所使用的象征体系的一部分,用声音来作象征的那一部分。在亲密社群中可用来作象征体系的原料比较多。表情、动作,在面对面的情境中,有时比声音更容易传情达意。即使用语言时,也总是密切配合于其他象征原料的。譬如,我可以和一位熟人说:"真是那个!"同时眉头一皱,嘴角向下一斜,面上的皮肤一紧,用手指在头发里一插,头一沉,对方也就明白"那个"是"没有办法""失望"的意思了。如果同样的两个字用在另一表情的配合里,意义可以完全不同。

"特殊语言"常是特别有效,因为它可以摆脱字句的固定意义。语言像是个社会定下的筛子,如果我们有一种情意和这筛子的格子不同也就漏不过去。我想大家必然有过"无言胜似有言"的经验。其实这个筛子虽则有助于人和人间的了解,但同时却也使人和人间的情意公式化了,使每一人、每一刻的实际情意都走了一点样。我们永远在削足适履,使感觉敏锐的人怨恨语言的束缚。李长吉①要在这束缚中去求比较切近的表达,难怪他要呕尽心血了。

---

① 即李贺(约791—约817),字长吉,唐代诗人,长吉体诗歌开创者,有"诗鬼"之称。

于是在熟人中，我们话也少了，我们"眉目传情"，我们"指石相证"，我们抛开了比较间接的象征原料，而求更直接的会意了。所以在乡土社会中，不但文字是多余的，连语言都并不是传达情意的唯一象征体系。

我决不是说我们不必推行文字下乡，在现代化的过程中，我们已开始抛离乡土社会，文字是现代化的工具。我要辨明的是乡土社会中的文盲，并非出于乡下人的"愚"，而是由于乡土社会的本质。而且我还愿意进一步说，单从文字和语言的角度去批判一个社会中人和人的了解程度是不够的，因为文字和语言，只是传情达意的一种工具，并非唯一的工具；而且这工具本身也是有缺陷的，能传的情、能达的意是有限的。所以提倡文字下乡的人，必须先考虑到文字和语言的基础，否则开几个乡村学校和使乡下人多识几个字，也许并不能使乡下人"聪明"起来。

再论文字下乡

在上一篇论"文字下乡"里，我说起了文字的发生是在人和人传情达意的过程中受到了空间和时间的阻隔的情境里。可是我在那一篇里只就空间阻隔的一点说了些话。乡土社会是个面对面的社会，有话可以当面说明白，不必求助于文字。这一层意思容易明白，但是关于时间阻隔上怎样说法呢？在本文中，我想申引这一层意思了。

所谓时间上的阻隔有两方面：一方面是个人的今昔之隔；一方面是社会的世代之隔。让我先从前一方面说起。

人的生活和其他动物所不同的，是在他富于学习的能力。他的行为方式并不固执地受着不学而能的生理反应所支配。所谓学就是在出生之后以一套人为的行为方式作模

型，把本能的那一套方式加以改造的过程。学的方法是
"习"。习是指反复地做，靠时间中的磨炼，使一个人惯于一
种新的做法。因之，学习必须打破个人今昔之隔。这是靠了
我们人类的一种特别发达的能力，时间中的桥梁——记忆。
在动物的学习过程中，我们也可以说它们有记忆，但是它们
的"记忆"是在简单的生理水准上。一个小白老鼠在迷宫里
学得了捷径，它所学得的是一套新的生理反应。和人的学习
不相同的是它们并不靠一套象征体系的。人固然有很多习
惯，在本质上是和小白老鼠走迷宫一般的，但是他却时常多
一个象征体系帮他的忙。所谓象征体系中最重要的是"词"。
我们不断地在学习时说着话，把具体的情境抽象成一套能
普遍应用的概念，概念必然是用词来表现的，于是我们靠着
词，使我们从特殊走上普遍，在个别情境中搭下了桥梁；又
使我们从当前走到今后，在片刻情境中搭下了桥梁。从这方
面看去，一个动物和时间的接触，可以说是一条直线的，而
人和时间的接触，靠了概念，也就是词，却比一条直线来得
复杂。他有能力闭了眼睛置身于"昔日"的情境中，人的"当
前"中包含着从"过去"拔萃出来的投影，时间的选择累积。

在一个依本能而活动的动物不会发生时间上阻隔的问
题，它的寿命是一连串的"当前"，谁也不能剪断时间，像是
一条水，没有刀割得断。但是在人却不然，人的"当前"是整

个靠记忆所保留下来的"过去"的累积。如果记忆消失了、遗忘了，我们的"时间"就可说是阻隔了。

人之所以要有记忆，也许并不是因为他的脑子是个自动的摄影箱。人有此能力是事实，人利用此能力，发展此能力，还是因为他"当前"的生活必须有着"过去"所传下来的办法。我曾说人的学习是向一套已有的方式的学习。唯有学会了这套方式才能在人群中生活下去。这套方式并不是每个人个别的创制，而是社会的遗业。小白老鼠并不向别的老鼠学习，每只老鼠都得自己在具体情境里，从"试验错误"的过程中，得到个别的经验。它们并不能互相传递经验，互相学习，人靠了他的抽象能力的象征体系，不但累积了自己的经验，而且还可以累积别人的经验。上边所谓那套传下来的办法，就是社会共同的经验的累积，也就是我们常说的文化。文化是依赖象征体系和个人的记忆而维持着的社会共同经验。这样说来，每个人的"当前"，不但包括他个人"过去"的投影，而且还是整个民族的"过去"的投影。历史对于个人并不是点缀的饰物，而是实用的、不可或缺的生活基础。人不能离开社会生活，就不能不学习文化。文化得靠记忆，不能靠本能，所以人在记忆力上不能不力求发展。我们不但要在个人的今昔之间筑通桥梁，而且在社会的世代之间也得筑通桥梁，不然就没有了文化，也没有了我们现在所能享受的生活。

我说了这许多话，也许足够指明了人的生活和时间的关联了。在这关联中，词是最主要的桥梁。有人说，语言造成了人，那是极对的。《圣经》上也有上帝说了什么，什么就有了，"说"是"有"的开始。这在物质宇宙中尽管可以不对，但在文化中却是对的。没有象征体系也就没有概念，人的经验也就不能或不易在时间里累积，如要生活也不能超过禽兽。

但是词却不一定要文。文是用眼睛可以看得到的符号，就是字。词不一定是刻出来或写出来的符号，也可以是用声音说出来的符号——语言。一切文化中不能没有"词"，可是不一定有"文字"。我这样说是因为我想说明的乡土社会，大体上，是没有"文字"的社会。在上篇，我从空间格局中说到了乡下人没有文字的需要，在这里我是想从时间格局中说明同一结果。

我说过我们要发展记忆，那是因为我们生活中有此需要。没有文化的动物中，能以本能来应付生活，就不必有记忆。我这样说，其实也包含了另一项意思，就是人在记忆上发展的程度是依他们的生活需要而决定的。我们每个人，每一刻，所接触的外界是纷繁芜杂的，但是并不尽入我们的感觉,我们有所选择。和我们眼睛所接触的外界我们并不都看见,我们只看见我们所注意的,我们的视线有焦点,焦点依着我们的注意而移动。注意的对象由我们选择,选择的根据是我们生活的需要。与我们生活无关的,我们不关心,熟视无睹。我们的记忆也是如此,我们并不记取一切的过去,而只记取一切过去中极小的一部分。我说记取,其实不如说过后回忆为妥当。"记"带有在当前为了将来有用而加以认取的意思,"忆"是为了当前有关而回想到过去经验。事实上,在当前很难预测将来之用,大多是出于当前的需要而追忆过去。有时这过程非常吃力,所以成为"苦忆"。可是无论如何记忆并非无所为的,而是实用的,是为了生活。

在一个乡土社会中生活的人所需记忆的范围和生活在现代都市的人是不同的。乡土社会是一个生活很安定的社会。我已说过,向泥土讨生活的人是不能老是移动的。在一个地方出生的就在这地方生长下去,一直到死。极端的乡土社会是老子所理想的社会,"鸡犬相闻,老死不相往来"。不但个人不常抛井离乡,而且每个人住的地方常是他的父母之邦。"生于斯,死于斯"的结果必是世代的黏着。这种极端的乡土社会固然不常实现,但是我们的确有历世不移的企图,不然为什么死在外边的人,一定要把棺材运回故乡,葬在祖茔上呢? 一生取给于这块泥土,死了,骨肉还得回入这块泥土。

历世不移的结果,人不但在熟人中长大,而且还在熟悉的地方上长大。熟悉的地方可以包括极长时间的人和土的混合。祖先们在这地方混熟了,他们的经验也必然就是子孙们所会得到的经验。时间的悠久是从谱系上说的,从每个人可能得到的经验说,却是同一方式的反复重演。同一戏台上演着同一的戏,这个班子里演员所需要记得的,也只有一套戏文。他们个别的经验,就等于世代的经验。经验无需不断累积,只需老是保存。

我记得在小学里读书时,老师逼着我记日记,我执笔苦思,结果只写下"同上"两字。那是真情,天天是"晨起,上课,游戏,睡觉",有何可记的呢? 老师下令不准"同上",小学生们只有扯谎了。

在定型生活中长大的有着深入生理基础的习惯帮着我们"日出而起,日入而息"的工作节奏。记忆都是多余的。"不知老之将至"就是描写"忘时"的生活。秦亡汉兴,没有关系。乡土社会中不怕忘,而且忘得舒服。只有在轶出于生活常轨的事,当我怕忘记时,方在指头上打一个结。

指头上的结是文字的原始方式，目的就是用外在的象征，利用联想作用，帮助人的记忆。在一个常常变动的环境中，我们感觉到自己记忆力不够时，方需要这些外在的象征。从语言变到文字，也就是从用声音来说词，变到用绳打结，用刀刻图，用笔写字，是出于我们生活从定型到不定型的过程中。在都市中生活，一天到晚接触着陌生面孔的人才需要在袋里藏着本姓名录、通信簿。在乡下社会中粘着相片的身份证，是毫无意义的。在一个村子里可以有一打以上的"王大哥"，绝不会因之错认了人。

在一个每代的生活等于开映同一影片的社会中，历史也是多余的，有的只是"传奇"。一说到来历就得从"开天辟地"说起；不从这开始，下文不是只有"寻常"的当前了吗？都市社会里有新闻；在乡土社会，"新闻"是稀奇古怪、荒诞不经的意思。在都市社会里有名人，乡土社会里是"人怕出名猪怕壮"。不为人先，不为人后，做人就得循规蹈矩。这种社会用不上常态曲线，而是一个模子里印出来的一套。

在这种社会里，语言是足够传递世代间的经验了。当一个人碰着生活上的问题时，他必然能在一个比他年长的人那里问得到解决这问题的有效办法，因为大家在同一环境里，走同一道路，他先走，你后走；后走的所踏的是先走的人的脚印,口口相传,不会有遗漏。哪里用得着文字?时间里没有阻隔,拉得十分紧,全部文化可以在亲子之间传授无缺。

这样说,中国如果是乡土社会,怎么会有文字的呢? 我的回答是中国社会从基层上看去是乡土性,中国的文字并不是在基层上发生。最早的文字就是庙堂性的,一直到目前还不是我们乡下人的东西。我们的文字另有它发生的背景,我在本文所需要指出的是在这基层上,有语言而无文字。不论在空间和时间的格局上,这种乡土社会,在面对面的亲密接触中,在反复地在同一生活定型中生活的人们,并不是愚到字都不认得,而是没有用字来帮助他们在社会中生活的需要。我同时也等于说,如果中国社会乡土性的基层发生了变化,也只有在发生了变化之后,文字才能下乡。

差序格局

在乡村工作者看来，中国乡下佬最大的毛病是"私"。说起私，我们就会想到"各人自扫门前雪，莫管他人屋上霜"的俗语。谁也不敢否认这俗语多少是中国人的信条。其实抱有这种态度的并不只是乡下人，就是所谓城里人，何尝不是如此。扫清自己门前雪的还算是了不起的有公德的人，普通人家把垃圾往门口的街道上一倒，就完事了。苏州人家后门常通一条河，听来是最美丽也没有了，文人笔墨里是中国的威尼斯，可是我想天下没有比苏州城里的水道更脏的了。什么东西都可以向这种出路本来不太畅通的小河沟里一倒，有不少人家根本就不必有厕所。明知人家在这河里洗衣洗菜，却毫不觉得有什么需要自制的地方。为什么呢？——这种小河是公家的。

一说是公家的，差不多就是说大家可以占一点便宜的意思，有权利而没有义务了。小到两三家合住的院子，公共的走廊上照例是尘灰堆积，满院生了荒草，谁也不想去拔拔清楚，更难以插足的自然是厕所。没有一家愿意去管"闲事"，谁看不惯，谁就得白服侍人，半声谢意都得不到。于是像格兰亨姆的公律①，坏钱驱逐好钱一般，公德心就在这里被自私心驱走。

从这些事上来说，私的毛病在中国实在是比愚和病更普遍得多，从上到下似乎没有不害这毛病的。现在已成了外国舆论一致攻击我们的把柄了。所谓贪污无能，并不是每个人绝对的能力问题，而是相对的，是从个人对公家的服务和责任上说的。中国人并不是不善经营，只要看南洋那些华侨在商业上的成就，西洋人谁不侧目？中国人更不是无能，对于自家的事，抓起钱来，拍起马来，比哪一个国家的人能力都大。因之这里所谓"私"的问题却是个群己、人我的界限怎样划法的问题。我们传统的划法，显然是和西洋的划法不同。因之，如果我们要讨论私的问题就得把整个社会结构的格局提出来考虑一下了。

---

① 即人们喜欢把新钱留下来，先花旧钱，从而造成新币的流通不如旧币频繁，新币就好像被旧币赶出了流通市场。

西洋的社会有些像我们在田里捆柴，几根稻草束成一把，几把束成一扎，几扎束成一捆，几捆束成一挑。每一根柴在整个挑里都属于一定的捆、扎、把。每一根柴也都可以找到同把、同扎、同捆的柴，分扎得清楚不会乱的。在社会，这些单位就是团体。我说西洋社会组织像捆柴就是想指明：他们常常由若干人组成一个个的团体。团体是有一定界限的，谁是团体里的人，谁是团体外的人，不能模糊，一定得分清楚。在团体里的人是一伙，对于团体的关系是相同的，如果同一团体中有组别或等级的分别，那也是事先规定的。我用捆柴来比拟，有一点不太合适，就是一个人可以参加好几个团体，而好几扎柴里都有某一根柴当然是不可能的，这是人和柴不同的地方。我用这譬喻是在想具体一些使我们看到社会生活中人和人的关系的一种格局。我们不妨称之作团体格局。

家庭在西洋是一种界限分明的团体。如果有一位朋友写信给你说他将要"带了他的家庭"一起来看你，他很知道要和他一同来的是哪几个人。在中国，这句话是含糊得很。在英美，家庭包括他和他的妻以及未成年的孩子。如果他只和他太太一起来，就不会用"家庭"。在我们中国"阖第光临"虽则常见，但是很少人能说得出这个"第"字究竟应当包括些什么人。

提到了我们的用字，这个"家"字可以说最能伸缩自如了。"家里的"可以指自己的太太一个人，"家门"可以指伯叔侄子一大批，"自家人"可以包罗任何要拉入自己的圈子，表示亲热的人物。自家人的范围是因时因地可伸缩的，大到数不清，真是天下可成一家。

为什么我们这个最基本的社会单位的名词会这样不清不楚呢？在我看来却表示了我们的社会结构本身和西洋的格局是不相同的，我们的格局不是一捆一捆扎清楚的柴，而是好像把一块石头丢在水面上所发生的一圈圈推出去的波纹。每个人都是他社会影响所推出去的圈子的中心。被圈子的波纹所推及的就发生联系。每个人在某一时间某一地点所动用的圈子是不一定相同的。

我们社会中最重要的亲属关系就是这种丢石头形成同心圆波纹的性质。亲属关系是根据生育和婚姻事实所发生的社会关系。从生育和婚姻所结成的网络，可以一直推出去包括无穷的人，过去的、现在的和未来的人物。我们俗语里有"一表三千里"[①]，就是这个意思，其实三千里者也不过指

[①] 出自民间俗语"一表三千里，一堂五百年"，用于形容表亲间有时疏远的距离。

其广袤的意思而已。这个网络像个蜘蛛的网,有一个中心,就是自己。我们每个人都有这么一个以亲属关系布出去的网,但是没有一个网所罩住的人是相同的。在一个社会里的人可以用同一个体系来记认他们的亲属,所同的只是这体系罢了。体系是抽象的格局,或是范畴性的有关概念。当我们用这体系来认取具体的亲亲戚戚时,各人所认的就不同了。我们在亲属体系里都有父母,可是我的父母却不是你的父母。再进一步说,天下没有两个人所认取的亲属可以完全相同的。兄弟两人固然有相同的父母了,但是各人有各人的妻子儿女。因之,以亲属关系所联系成的社会关系的网络来说,是个别的。每一个网络有个"己"作为中心,各个网络的中心都不同。

在我们乡土社会里,不但亲属关系如此,地缘关系也是如此。现代的保甲制度①是团体格局性的,但是这和传统的结构却格格不相入。在传统结构中,每一家以自己的地位作中心,周围划出一个圈子,这个圈子是"街坊"。有喜事要请酒,生了孩子要送红蛋,有丧事要出来助殓,抬棺材,是生活上的互助机构。可是这不是一个固定的团体,而是一个范

---

① 保甲制度是国民党统治时期对城乡居民采用的基层政治制度。制度规定以户为单位,十户编为一甲,设甲长,十甲编为一保,设保长。在保甲内,实行各户互相监视和互相告发的连坐法,以及各项强迫劳动和征抽壮丁的方法。

围。范围的大小也要依着中心的势力厚薄而定。有势力的人家的街坊可以遍及全村，穷苦人家的街坊只是比邻的两三家。这和我们的亲属圈子是一般的。像贾家的大观园里，可以住着姑表林黛玉、姨表薛宝钗，后来更多了，什么宝琴、岫烟，凡是拉得上亲戚的，都包容得下。可是势力一变，树倒猢狲散，缩成一小团。到极端时，可以像苏秦潦倒归来，"妻不以为夫，嫂不以为叔"。中国传统结构中的差序格局具有这种伸缩能力。在乡下，家庭可以很小，而一到有钱的地主和官僚阶层，可以大到像个小国。中国人也特别对世态炎凉有感触，正因为这富于伸缩的社会圈子会因中心势力的变化而大小。

在孩子成年了住在家里都得给父母膳宿费的西洋社会里，大家承认团体的界限。在团体里的有一定的资格。资格取消了就得走出这个团体。在他们不是人情冷热的问题，而是权利问题。在西洋社会里争的是权利，而在我们却是攀关系、讲交情。

以"己"为中心，像石子一般投入水中，和别人所联系成的社会关系，不像团体中的分子一般大家立在一个平面上的，而是像水的波纹一般，一圈圈推出去，愈推愈远，也愈推愈薄。在这里我们遇到了中国社会结构的基本特性了。我们儒家最考究的是人伦,伦是什么呢? 我的解释就是从自己推出去的和自己发生社会关系的那一群人里所发生的一轮轮波纹的差序。《释名》于"沦"字下也说"伦也,水文相次有伦理也"。潘光旦①先生曾说:凡是有"仑"作公分母的意义都相同,"共同表示的是条理,类别,秩序的一番意思"。(见潘光旦《说伦字》,《社会研究》第十九期)

伦重在分别,在《礼记·祭统》里所讲的十伦:鬼神、君臣、父子、贵贱、亲疏、爵赏、夫妇、政事、长幼、上下,都是指差等。"不失其伦"是在别父子、远近、亲疏。伦是有差等的次序。在我们现在读来,鬼神、君臣、父子、夫妇等具体的社会关系,怎能和贵贱、亲疏、远近、上下等抽象的相对地位相提并论? 其实在我们传统的社会结构里最基本的概念,这个人和人往来所构成的网络中的纲纪,就是一个差序,也就是伦。《礼记·大传》里说:"亲亲也,尊尊也,长长也,男女有别,此其不可得与民变革者也。"意思是这个社会结构的架格是不能变的,变的只是利用这架格所做的事。

孔子最注重的就是水纹波浪向外扩张的"推"字。他先

---

① 潘光旦(1899—1967),中国著名社会学家、民族学家、优生学家。最早发现专业化教育的弊端,并提出通才教育思想的教育家之一。

承认一个己，推己及人的己，对于这己，得加以克服于礼，克己就是修身。顺着这同心圆的伦常，就可向外推了。"本立而道生。""其为人也孝悌，而好犯上者鲜矣，不好犯上而好作乱者，未之有也。"从己到家，由家到国，由国到天下，是一条通路。《中庸》里把五伦作为"天下之达道"。因为在这种社会结构里，从己到天下是一圈一圈推出去的，所以孟子说他"善推而已矣"。

在这种富于伸缩性的网络里，随时随地是有一个"己"作中心的。这并不是个人主义，而是自我主义。个人是对团体而说的，是分子对全体。在个人主义下，一方面是平等观念，指在同一团体中各分子的地位相等，个人不能侵犯大家的权利；一方面是宪法观念，指团体不能抹杀个人，只能在个人所愿意交出的一分权利上控制个人。这些观念必须先假定了团体的存在。在我们中国传统思想里是没有这一套的，因为我们所有的是自我主义，一切价值是以"己"作为中心的主义。

自我主义并不限于拔一毛而利天下不为的杨朱①，连儒

---

① 战国初期思想家、哲学家，杨朱学派的创始人。他主张"贵己""重生""人人不损一毫"的思想。

家都该包括在内。杨朱和孔子不同的是杨朱忽略了自我主义的相对性和伸缩性。他太死心眼儿，一口咬了一个自己不放；孔子是会推己及人的，可是尽管放之于四海，中心还是在自己。子曰："为政以德，譬如北辰，居其所，而众星拱之。"这是很好的一个差序格局的譬喻，自己总是中心，像四季不移的北斗星，所有其他的人，随着他转动。孔子并不像耶稣，耶稣是有超于个人的团体的，他有他的天国，所以他可以牺牲自己去成全天国。孔子呢？不然。

子贡曰："如有博施于民，而能济众，何如？可谓仁乎？"子曰："何事于仁，必也圣乎！尧舜其犹病诸？夫仁者，己欲立而立人，己欲达而达人，能近取譬，可谓仁之方也已。"

孔子的道德系统里绝不肯离开差序格局的中心，"君子求诸己，小人求诸人"。因之，他不能像耶稣一样普爱天下，甚至而爱他的仇敌，还要为杀死他的人求上帝的饶赦——这些不是从自我中心出发的。孔子呢？

或曰："以德报怨，何如？"子曰："何以报德？以直报怨，以德报德。"

这是差序层次，孔子是决不放松的。孔子并不像杨朱一般以小己来应付一切情境，他把这道德范围依着需要而推广或缩小。他不像耶稣或中国的墨翟①，一放不能收。

我们一旦明白这个能放能收、能伸能缩的社会范围就可以明白中国传统社会中的私的问题了。我常常觉得："中国传统社会里一个人为了自己可以牺牲家，为了家可以牺牲党，为了党可以牺牲国，为了国可以牺牲天下。"这和《大学》的：

> 古之欲明明德于天下者，先治其国，欲治其国者，先齐其家；欲齐其家者，先修其身……身修而后家齐，家齐而后国治，国治而后天下平。

在条理上是相通的，不同的只是内向和外向的路线，正面和反面的说法，这是种差序的推浪形式，把群己的界限弄成了相对性，也可以说是模棱两可了。这和西洋把权利和义务分得清清楚楚的社会，大异其趣。

为自己可以牺牲家，为家可以牺牲族……这是一个事

---

① 即墨子，战国时期著名思想家、教育家、军事家，墨家学派的创始人。他提出了"兼爱""非攻""尚贤"等观点。

实上的公式。在这种公式里,你如果说他私呢,他是不能承认的,因为当他牺牲族时,他可以为了家,家在他看来是公的。当他牺牲国家为他小团体谋利益、争权利时,他也是为公,为了小团体的公。在差序格局里,公和私是相对而言的,站在任何一圈里,向内看也可以说是公的。其实当西洋的外交家在国际会议里为了自己国家争利益,不惜牺牲世界和平和别国合法权益时,也是这样的。所不同的,他们把国家看成了一个超过一切小组织的团体,为这个团体,上下双方都可以牺牲,但不能牺牲它来成全别种团体。这是现代国家观念,乡土社会中是没有的。

在西洋社会里,国家这个团体是一个明显的也是唯一特殊的群己界限。在国家里做人民的无所逃于这团体之外,像一根柴捆在一束里,他们不能不把国家弄成个为每个分子谋利益的机构,于是他们有革命、有宪法、有法律、有国会等等。在我们传统里群的极限是模糊不清的"天下",国是皇帝之家,界限从来就是不清不楚的,不过是从自己这个中心里推出去的社会势力里的一圈而已。所以可以着手的,具体的只有己,克己也就成了社会生活中最重要的德性,他们不会去克群,使群不致侵略个人的权利。在这种差序格局中,是不会发生这问题的。

在差序格局中，社会关系是逐渐从一个一个人推出去的，是私人联系的增加，社会范围是一根根私人联系所构成的网络，因之，我们传统社会里所有的社会道德也只在私人联系中发生意义。——这一点，我将留在下篇里再提出来讨论了。

维系着私人的道德

中国乡土社会的基层结构是一种我所谓"差序格局"，是一个"一根根私人联系所构成的网络"。这种格局和现代西洋的"团体格局"是不同的。在团体格局里个人间的联系靠着一个共同的架子；先有了这架子，每个人结上这架子，而互相发生关联。"公民"的观念不能不先有个"国家"。这种结构很可能是从初民民族的"部落"形态中传下来的。部落形态在游牧经济中很显著的是"团体格局"的。生活相依赖的一群人不能单独地、零散地在山林里求生。在他们，"团体"是生活的前提。可是在一个安居的乡土社会，每个人可以在土地上自食其力地生活时，只在偶然的和临时的非常状态中才感觉到伙伴的需要。在他们，和别人发生关系是后起和次要的，而且他们在不同的场合下需要着不同程度的结合，并不显著地需要一个经常的和广被的团体。因之他们的社会采取了"差序格局"。

社会结构格局的差别引起了不同的道德观念。道德观念是在社会里生活的人自觉应当遵守社会行为规范的信念。它包括着行为规范、行为者的信念和社会的制裁。它的内容是人和人关系的行为规范，是依着该社会的格局而决定的。从社会观点说,道德是社会对个人行为的制裁力,使他们合于规定下的形式行事,用以维持该社会的生存和绵续。

在"团体格局"中,道德的基本观念建筑在团体和个人的关系上。团体是个超于个人的"实在",不是有形的东西。我们不能具体地拿出一个有形体的东西来说这是团体。它是一束人和人的关系,是一个控制各个人行为的力量,是一种组成分子生活所依赖的对象，是先于任何个人而又不能脱离个人的共同意志……这种"实在"只能用有形的东西去象征它、表示它。在"团体格局"的社会中才发生笼罩万有的神的观念。团体对个人的关系就象征在神对于信徒的关系中,是个有赏罚的裁判者,是个公正的维持者,是个全能的保护者。

我们如果要了解西洋的"团体格局"社会中的道德体

系,决不能离开他们的宗教观念的。宗教的虔诚和信赖不但是他们道德观念的来源，而且还是支持行为规范的力量,是团体的象征。在象征着团体的神的观念下,有着两个重要的派生观念：一是每个个人在神前的平等；一是神对每个个人的公道。

耶稣称神是父亲,是个和每一个人共同的父亲,他甚至当着众人的面否认了生育他的父母。为了要贯彻这"平等",基督教的神话中,耶稣是童贞女所生的。亲子间个别的和私人的联系在这里被否定了。其实这并不是"无稽之谈",而是有力的象征,象征着"公有"的团体,团体的代表——神,必须是无私的。每个"人子",耶稣所象征的"团体构成分子"，在私有的父亲外必须有一个更重要的与人相共的"天父",就是团体。——这样每个个人人格上的平等才能确立,每个团体分子和团体的关系是相等的。团体不能为任何个人所私有。在这基础上才发生美国《独立宣言》中开宗明义的话："全人类生来都平等,他们都有天赋不可夺的权利。"

可是上帝是在冥冥之中,正象征团体无形的实在；但是在执行团体的意志时,还得有人来代理。"代理者"Minister是团体格局的社会中一个基本的概念。执行上帝意志的牧师是 Minister,执行团体权力的官吏也是 Minister,都是"代理者",而不是神或团体的本身。这上帝和牧师、国家和政府的分别是不容混淆的。在基督教历史里,人们一度再度地要求直接和上帝交通,反抗"代理者"不能真正代理上帝的意旨。同样地,实际上是相通的,也可以说是一贯的,美国《独立宣言》可以接下去说:"人类为了保障这些权利,所以才组织政府,政府的适当力量,须由受治者的同意中产生出来;假如任何政体有害于这些目标,人民即有改革或废除任何政体之权。这些真理,我们认为是不证自明的。"

神对每个个人是公道的,是一视同仁的,是爱的;如果代理者违反了这些"不证自明的真理",代理者就失去了代理的资格。团体格局的道德体系中于是发生了权利的观念。人对人得互相尊重权利,团体对个人也必须保障这些个人的权利,防止团体代理人滥用权力,于是发生了宪法。宪法观念是和西洋公务观念相配合的。国家可以要求人民的服务,但是国家也得保证不侵害人民的权利,在公道和爱护的范围内行使权力。

我说了不少关于"团体格局"中道德体系的话,目的是在陪衬出"差序格局"中道德体系的特点来。从它们的差别上看去,很多地方是刚刚相反的。在以自己作中心的社会关系网络中,最主要的自然是"克己复礼","壹是皆以修身为本"——这是差序格局中道德体系的出发点。

从己向外推以构成的社会范围是一根根私人联系,每根绳子被一种道德要素维持着。社会范围是从"己"推出去的,而推的过程里有着各种路线,最基本的是亲属:亲子和同胞,相配的道德要素是孝和悌。"孝悌也者,其为仁之本软。"向另一路线推是朋友,相配的是忠信。"为人谋而不忠乎?与朋友交而不信乎?""主忠信,无友不如己者。"孔子曾总结说:"弟子入则孝,出则悌,谨而信,泛爱众,而亲仁。"

在这里我得一提这比较复杂的观念"仁"。依我以上所说的,在差序格局中并没有一个超乎私人关系的道德观念,这种超己的观念必须在团体格局中才能发生。孝、悌、忠、信都是私人关系中的道德要素。但是孔子却常常提到那个"仁"字。《论语》中对于"仁"字的解释最多,但是也最难捉摸。一方面他一再地要给"仁"字明白的解释,而另一方面却又有"子罕言利,与命与仁"。孔子屡次对于这种道德要素"欲说还止"。

司马牛问仁。子曰:"仁者其言也讱。"曰:"其言也讱,斯谓之仁已乎?"子曰:"为之难,言之得无讱乎?"

子曰:"我未见好仁者。……盖有之矣,我未之见也。"

孟武伯问:"子路仁乎?"子曰:"不知也。"又问。子曰:"由也,千乘之国,可使治其赋也,不知其仁也。""求也何如?"子曰:"求也,千室之邑,百乘之家,可使为之宰也,不知其仁也。""赤也何如?"子曰:"赤也,束带立于朝,可使与宾客言也,不知其仁也。"

孔子有不少次数说"不够说是仁",但是当他积极地说明"仁"字是什么时,他却退到了"克己复礼为仁""恭宽信敏惠"这一套私人间的道德要素了。他说:"能行五者于天下为仁矣。……恭则不侮,宽则得众,信则人任焉,敏则有功,惠则足以使人。"

孔子的困难是在"团体"组合并不坚强的中国乡土社会中并不容易具体地指出一个笼罩性的道德观念来。"仁"这个观念只是逻辑上的总合,一切私人关系中道德要素的共相,但是因为在社会形态中综合私人关系的"团体"的缺乏具体性,只有个广被的"天下归仁"的天下,这个和"天下"相配的"仁"也不能比"天下"观念更为清晰。所以凡是要具体说明时,还得回到"孝悌忠信"那一类的道德要素。正等于要说明"天下"时,还得回到"父子、昆弟、朋友"这些具体的伦常关系。

不但在我们传统道德系统中没有一个像基督教里那种"爱"的观念——不分差序的兼爱；而且我们也很不容易找到个人对于团体的道德要素。在西洋团体格局的社会中，公务，履行义务，是一个清楚明白的行为规范。而这在中国传统中是没有的。现在我们有时把"忠"字抬出来放在这位置上，但是"忠"字的意义，在《论语》中并不如此。我在上面所引"为人谋而不忠乎"一句中的"忠"，是"忠恕"的注解，是"对人之诚"。"主忠信"的"忠"，可以和"衷"字相通，是由衷之意。

子张问曰："令尹子文三仕为令尹，无喜色；三已之，无愠色。旧令尹之政，必以告新令尹。何如？"子曰："忠矣。"这个"忠"字虽则近于"忠于职务"的"忠"字，但是并不包含对于团体的"矢忠"。其实，在《论语》中，"忠"字甚至并不是君臣关系间的道德要素。君臣之间以"义"相结合。"君子之仕也，行其义也。"所以"忠臣"的观念可以说是后起的，而忠君并不是个人与团体的道德要素，而依旧是对君私之间的关系。

团体道德的缺乏，在公私的冲突里更看得清楚。就是负有政治责任的君王，也得先完成他私人间的道德。《孟子·尽心上》篇有：桃应问曰，"舜为天子，皋陶为士，瞽瞍杀人，则如之何？"孟子曰："执之而已矣。""然则舜不禁与？"曰："夫舜恶得而禁之，夫有所授之也。""然则舜如之何？"曰："舜视弃天下，犹弃敝蹝也。窃负而逃，遵海滨而处，终身䜣然，乐而忘天下。"——这是说舜做了皇帝，不能用对其他国民一样的态度去对待他的父亲。孟子所回答的是这种冲突的理想解决法，他还是想两全，所以想出逃到海滨不受法律所及的地方去的办法。他这样回答是可以的，因为所问的也并非事实问题。另一个地方，孟子所遇到的问题，却更表现了道德标准的缺乏普遍性了。万章问曰："象日以杀舜为事，立为天子，则放之，何也？"孟子曰："封之也，或曰放焉。"万章曰："象至不仁，封之有庳，有庳之人奚罪焉？仁人固如是乎？在他人则诛之，在弟则封之？"孟子的回答是："身为天子，弟为匹夫，可谓亲爱之乎？"

一个差序格局的社会，是由无数私人关系搭成的网络。这网络的每一个结都附着一种道德要素，因之，传统的道德里不另找出一个笼统性的道德观念来，所有的价值标准也不能超脱于差序的人伦而存在了。

中国的道德和法律，都因之得看所施的对象和"自己"

的关系而加以程度上的伸缩。我见过不少痛骂贪污的朋友，遇到他的父亲贪污时，不但不骂，而且代他讳隐。更甚的，他还可以向父亲要贪污得来的钱，同时骂别人贪污。等到自己贪污时，还可以"能干"两字来自解。这在差序社会里可以不觉得是矛盾；因为在这种社会中，一切普遍的标准并不发生作用，一定要问清了，对象是谁，和自己是什么关系之后，才能决定拿出什么标准来。

团体格局的社会里，在同一团体的人是"兼善"的，就是"相同"的。孟子最反对的就是那一套。他说："夫物之不齐，物之情也，子比而同之，是乱天下也。"墨家的"爱无差等"，和儒家的人伦差序，恰恰相反，所以孟子要骂他无父无君了。

家族

我曾在以上两篇中，从群己的关系上讨论到社会结构的格局。我也在那篇里提出了若干概念，比如"差序格局"和"团体格局"。我知道这些生疏的名词会引起读者的麻烦，但是为了要表明一些在已有社会学词汇里所没有确当名词来指称的概念，我不能不写下这些新的标记。这些标记并没有使我完全满意，而且也有容易引起误会的地方。譬如有一位朋友看过我那一篇的分析之后，曾摇头说，他不能同意我说中国乡土社会里没有团体。他举出了家庭、氏族、邻里、街坊、村落，这些不是团体是什么？显然我们用同一名词指着不同的实体。我为了要把结构不同的两类"社群"分别出来，所以把"团体"一词加以较狭的意义，只指由团体格局中所形成的社群，用以和差序格局中所形成的社群相区别；后者称之作"社会圈子"，把社群来代替普通所谓团体。社群是一切有组织的人群。在那位朋友所列举的各种社群中,大体上都属于我所谓社会圈子的性质。在这里我可以附带说明,我并不是说中国乡土社会中没有"团体",一切社群都属于社会圈子性质,譬如钱会,即赛①,显然是属团体格局的;我在这个分析中只想从主要的格局说,在中国乡土社会中,差序格局和社会圈子的组织是比较的重要。同样地,在西洋现代社会中差序格局也是同样存在的,但比较上不重要罢了。这两种格局本是社会结构的基本形式,在概念上可以分得清,在事实上常常可以并存的,可以看得到的,不过各有偏胜罢了。

在概念上把这两种格局和两种组织区别出来并不是多余的,因为这个区别确可帮助我们对社会结构获得许多更切实的了解,免除种种混淆。在这里我将接着根据这套概念去看中国乡土社会中基本社群——"家"的性质。

我想在这里提出来讨论的是我们乡土社会中的基本社群,这社群普通被称为"大家庭"的。我在《江村经济》中把它称作"扩大了的家庭"(Expanded family)。这些名词的主体是"家庭",在家庭上加一个小或大的形容词来说明中国和西

————————————

① cóng。

洋性质上相同的"家庭"形式上的分别。可是我现在看来却觉得这名词并不妥当，比较确当的应该称中国乡土社会基本社群作"小家族"。

我提出这新名词来的原因是想从结构的原则上去说明中西社会里"家"的区别。我们普通所谓大家庭和小家庭的差别决不是在大小上，不是在这社群所包括的人数上，而是在结构上。一个有十多个孩子的家并不构成"大家庭"的条件，一个只有公婆儿媳四个人的家却不能称之为"小家庭"。在数目上说，前者比后者为多，但在结构上说，后者却比前者为复杂，两者所用的原则不同。

家庭这概念在人类学上有明确的界说：这是个亲子所构成的生育社群。亲子指它的结构，生育指它的功能。亲子是双系的，兼指父母双方；子女限于配偶所生出的孩子。这社群的结合是为了子女的生和育。在由个人来担负孩子生育任务的社会里，这种社群是不会少的。但是生育的功能，就每个个别的家庭说，是短期的，孩子们长成了也就脱离他们的父母的抚育，去经营他们自己的生育儿女的事务，一代又一代。家庭这社群因之是暂时性的。从这方面说，家庭这社群和普通的社群不完全一样。学校、国家这些社群并不是暂时，虽则事实上也不是永久的，但是都不是临时性的，因为它们所具的功能是长期性的。家庭既以生育为它的功能，在开始时就得准备结束。抚育孩子的目的就在结束抚育。关于这一层意思我在《生育制度》一书中有详细的讨论。

但是在任何文化中，家庭这社群总是赋有生育之外其他的功能。夫妇之间的合作并不因儿女长成而结束。如果家庭不变质，限于亲子所构成的社群，在它形成伊始，以及儿女长成之后，有一段期间只是夫妇的结合。夫妇之间固然经营着经济的、感情的、两性的合作，但是所经营的事务受着很大的限制，凡是需要较多人合作的事务就得由其他社群来经营了。

在西洋，家庭是团体性的社群，这一点我在上面已经说明有严格的团体界限。因为这缘故，这个社群能经营的事务也很少，主要的是生育儿女。可是在中国乡土社会中，家并没有严格的团体界限，这社群里的分子可以依需要，沿亲属差序向外扩大。构成这个我所谓社圈的分子并不限于亲子。但是在结构上扩大的路线却有限制。中国的家扩大的路线是单系的，就是只包括父系这一方面；除了少数例外，家并不能同时包括媳妇和女婿。在父系原则下女婿和结了婚的女儿都是外家人。在父系方面却可以扩大得很远，五世同堂的家，可以包括五代之内所有父系方面的亲属。

这种根据单系亲属原则所组成的社群，在人类学中有个专门名称，叫氏族。我们的家在结构上是一个氏族。但是和普通我们所谓族也不完全相同，因为我们所谓族是由许多家所组成，是一个社群的社群。因之，我在这里提了这个"小家族"的名词。小家族和大家族在结构原则上是相同的，不相同是在数量、在大小上。——这是我不愿用大家庭，而用小家族的原因。一字的相差，却说明了这社群的结构性质。

家族在结构上包括家庭；最小的家族也可以等于家庭。因为亲属的结构的基础是亲子关系，父母子的三角。家族是从家庭基础上推出来的。但是包括在家族中的家庭只是社会圈子中的一轮，不能说它不存在，但也不能说它自成一个独立的单位，不是一个团体。

形态上的差异，也引起了性质上的变化。家族虽则包括生育的功能，但不限于生育的功能。依人类学上的说法，氏族是一个事业组织，再扩大就可以成为一个部落。氏族和部落赋有政治、经济、宗教等复杂的功能。我们的家也正是这样。我的假设是中国乡土社会采取了差序格局，利用亲属的伦常去组合社群，经营各种事业，使这基本的家，变成氏族性了。一方面我们可以说在中国乡土社会中,不论政治、经济、宗教等功能都可以利用家族来担负,另一方面也可以说,为了要经营这许多事业,家的结构不能限于亲子的小组合,必须加以扩大。而且凡是政治、经济、宗教等事物都需要长期绵续性的,这个基本社群决不能像西洋的家庭一般是临时的。家必须是绵续的,不因个人的长成而分裂,不因个人的死亡而结束,于是家的性质变成了族。氏族本是长期的,和我们的家一般。我称我们这种社群作小家族,也表示了这种长期性在内,和家庭的临时性相对照。

中国的家是一个事业组织,家的大小是依着事业的大小而决定的。如果事业小,夫妇两人的合作已够应付,这个家也可以小得等于家庭;如果事业大,超过了夫妇两人所能担负时,兄弟伯叔全可以集合在一个大家里。这说明了我们乡土社会中家的大小变异可以很甚。但不论大小上差别到什么程度,结构原则上却是一贯的、单系的差序格局。

以生育社群来担负其他很多的功能,使这社群中各分子的关系的内容也发生了变化。在西洋家庭团体中,夫妇是主轴,夫妇共同经营生育事务,子女在这团体中是配角,他们长成了就离开这团体。在他们,政治、经济、宗教等功能有其他团体来担负,不在家庭的分内。夫妇成为主轴,两性之间的感情是凝合的力量。两性感情的发展，使他们的家庭成了获取生活上安慰的中心。我在《美国人性格》一书中曾用"生活堡垒"一词去形容它。

在我们的乡土社会中，家的性质在这方面有着显著的差别。我们的家既是个绵续性的事业社群，它的主轴是在父子之间，在婆媳之间，是纵的，不是横的。夫妇成了配轴。配轴虽则和主轴一样并不是临时性的，但是这两轴却都被事业的需要而排斥了普通的感情。我所谓普通的感情是和纪律相对照的。一切事业都不能脱离效率的考虑。求效率就得讲纪律；纪律排斥私情的宽容。在中国的家庭里有家法，在夫妇间得相敬，女子有着"三从四德"的标准，亲子间讲究负责和服从。这些都是事业社群里的特色。

不但在大户人家，书香门第，男女有着阃①内阃外的隔离，就是在乡村里，夫妇之间感情的淡漠也是日常可见的现象。我在乡间调查时特别注意过这问题，后来我又因疏散下乡，和农家住在一所房子里很久，更使我认识了这事实。我所知道的乡下夫妇大多是"用不着多说话的""实在没有什么话可说的"。一早起各人忙着各人的事，没有工夫说闲话。

①kǔn，门槛。

出了门，各做各的。妇人家如果不下田，留在家里带孩子。工做完了，男子们也不常留在家里，男子汉如果守着老婆，没出息。有事在外，没事也在外。茶馆、烟铺，甚至街头巷口，是男子们找感情上安慰的消遣场所。在那些地方，大家有说有笑，热热闹闹的。回到家，夫妇间合作顺利，各人好好地按着应做的事各做各的。做得好，没事，也没话；合作得不对劲，闹一场，动手动脚，说不上亲热。这些观察使我觉得西洋的家和我们乡下的家，在感情生活上实在不能并论。乡下，有说有笑、有情有意的是在同性和同年龄的集团中，男的和男的在一起，女的和女的在一起，孩子们又在一起，除了工作和生育事务上，性别和年龄组间保持着很大的距离。这决不是偶然的，在我看来，这是把生育之外的许多功能拉入了这社群中去之后所引起的结果。中国人在感情上，尤其是在两性间的矜持和保留，不肯像西洋人一般地在表面上流露，也是在这种社会圜局中养成的性格。

男女有别

在上篇我说家族在中国的乡土社会里是一个事业社群,凡是做事业的社群,纪律是必须维持的,纪律排斥了私情。这里我们碰着了中国传统感情定向的基本问题了。在上篇我虽则已说到了一些,但是还想在本篇里再申引发挥一下。

我用"感情定向"一词来指一个人发展他感情的方向,而这方向却受着文化的规定,所以在分析一个文化范型时,我们应当注意这文化所规定个人感情可以发展的方向,简称作感情定向。"感情"又可以从两方面去看:心理学可以从机体的生理变化来说明感情的本质和种类,社会学却从感情在人和人的关系上去看它所发生的作用。喜怒哀乐固然是生理现象,但是总发生在人事圈局之中,而且影响人事的关系，它们和其他个人的行为一样，在社会现象的一层里得到它们的意义。

感情从心理方面说是一种体内的行为，导发外表的行为。William James①说感情是内脏的变化。这变化形成了动作的趋势，本身是一种紧张状态，发动行为的力量。如果一种刺激和一种反应之间的关联，经过了练习，已经相当固定的话，多少可说成为自动时，就不会发生体内的紧张状态，也就是说，不带着强烈的感情。感情常发生在新反应的尝试和旧反应的受阻情形中。

这里所谓感情相当于普通所谓激动，动了情，甚至说动了火。用火来形容感情，就在指这动的势和紧张的状态，从社会关系上说感情是具有破坏和创造作用的。感情的激动改变了原有的关系。这也就是说，如果要维持固定的社会关系，就得避免感情的激动。其实，感情的淡漠是稳定的社会关系的一种表示。所以我在上篇曾说纪律是排斥私情的。

---

① 威廉·詹姆斯(1842—1910)，美国心理学之父。代表作有《心理学原理》《心理学简编》等。

　　稳定社会关系的力量，不是感情，而是了解。所谓了解，是指接受着同一的意义体系。同样的刺激会引起同样的反应。我在论"文字下乡"的两篇里，已说起过熟习所引起的亲密感觉。亲密感觉和激动性的感情是不相同的。它是契洽，发生持续作用；它是无言的，不像感情奔放时铿然有声，歌哭哀号是激动时不缺的配合。

　　Oswald Spengler①在《西方陆沉论》②里曾说西洋曾有两种文化模式：一种他称作阿波罗式的（Apollonian）；一种他称作浮士德式的（Faustian）。阿波罗式的文化认定宇宙的安排有一个完善的秩序，这个秩序超于人力的创造，人不过是去接受它，安于其位，维持它；但是人连维持它的力量都没有，天堂遗失了，黄金时代过去了。这是西方古典的精神。现代的文化却是浮士德式的。他们把冲突看成存在的基础，生命是阻碍的克服；没有了阻碍，生命也就失去了意义。他们把前途看成无尽的创造过程，不断的变。

　　这两种文化观很可以用来了解乡土社会和现代社会在感情定向上的差别。乡土社会是阿波罗式的，而现代社会是

---

① 奥斯瓦尔德·斯宾格勒(1880—1936)，德国唯心主义哲学家、历史学家。
② 通译《西方的没落》。

浮士德式的。这两套精神的差别也表现在两种社会最基本的社会生活里。

　　乡土社会是靠亲密和长期的共同生活来配合各个人的相互行为，社会的联系是长成的，是熟习的，到某种程度使人感觉到是自动的。只有生于斯、死于斯的人群里才能培养出这种亲密的群体，其中各个人有着高度的了解。好恶相投，连臭味都一般。要达到这境界，却有一个条件，就是没有什么差别在阻碍着各人间的充分了解。空间的位置，在乡土社会中的确已不太成为阻碍人了解的因素了。人们生活在同一的小天地里，这小天地多少是孤立的，和别群人没有重要的接触。在时间上，每一代的人在同一的周期中生老病死，一个公式。年轻的人固然在没有经历过年长的生活时，可以不了解年长的人的心情，年龄因之多少是一种隔膜，但是这隔膜却是一方面的，年长的人可以了解年轻的人，他们甚至可以预知年轻的人将要碰着的问题。年轻的人在把年长的人当作他们生活的参考蓝图时，所谓"不了解"也不是分划的鸿沟。

　　乡土社会中阻碍着共同生活的人充分了解的却是个人生理上的差别。这差别倒并不是起于有着悬殊的遗传特质，这在世代互婚的小社区里并不会太显著的。永远划分着人们生理差别的是男女两性。正因为还没有人能亲身体会过两性的差别，我们对于这差别的认识，总是间接的；所能说的差别多少只限于表面的。在实际生活中，谁都会感觉到异性的隔膜，但是差别的内容却永远是个猜想，无法领会。

在以充分了解来配合人们相互行为的社会中，这性别的鸿沟是个基本的阻碍。只在他们理想的天堂里，这鸿沟才算被克服：宗教家对性的抹杀，不论自觉或不自觉，决不是偶然的。完全的道义必须有充分的了解，无所隔，这就不能求之于生理上早已划下了鸿沟的男女之间。

男女生理上的分化是为了生育，生育却又规定了男女的结合。这一种结合基于异，并非基于同。在相异的基础上去求充分了解，是困难的，是阻碍重重的，是需要不断地在创造中求统一，是浮士德式的企图。浮士德是感情的象征，是把感情的激动，不断的变，作为生命的主脉。浮士德式的企图也是无穷止的，因为最后的统一是永远不会完成的，这不过是一个求同的过程。不但这样，男女的共同生活，愈向着深处发展，相异的程序也愈是深，求同的阻碍也愈是强大，用来克服这阻碍的创造力也更需强大，在浮士德的立场说，生命力也因之愈强，生活的意义也因之愈深。

把浮士德式的两性恋爱看成是进入生育关系的手段是不对的。恋爱是一项探险,是对未知的摸索。这和友谊不同,友谊是可以停止在某种程度上的了解,恋爱却是不停止的,是追求。这种企图并不以实用为目的,是生活经验的创造,也可以说是生命意义的创造,但不是经济的生产,不是个事业。恋爱的持续依赖于推陈出新,不断地克服阻碍,也是不断地发现阻碍,要得到的是这一个过程,而不是这过程的结果。从结果说可以是毫无成就的。非但毫无成就,而且使社会关系不能稳定,使依赖于社会关系的事业不能顺利经营。依现代文化来看,男女间感情激动的发达已使生育的事业摇摇欲坠。这事业除非另外设法,由社会来经营,浮士德式的精神的确在破坏这社会上的基本事业。

在乡土社会中这种精神是不容存在的。它不需要创造新的社会关系,社会关系是生下来就决定的。它更害怕社会关系的破坏,因为乡土社会所求的是稳定。它是阿波罗式的。男女间的关系必须有一种安排,使他们之间不发生激动性的感情。那就是男女有别的原则。"男女有别"是认定男女间不必求同,在生活上加以隔离。这隔离非但是有形的,所谓男女授受不亲,而且还是在心理上的,男女只在行为上按着一定的规则经营分工合作的经济和生育的事业,他们不向对方希望心理上的契洽。

在社会结构上，如上篇所说的，因之发生了同性间的组合。这在我们乡土社会中看得很清楚。同性组合和家庭组合原则上是交错的，因为以生育为功能的家庭总是异性的组合。因之，乡土社会中"家庭"的团结受到了这同性组合的影响，不易巩固。于是家族代替了家庭，家族是以同性为主、异性为辅的单系组合。中国乡土社会里，以家族为基本社群，是同性原则较异性原则为重要的表示。

男女有别的界限，使中国传统的感情定向偏于向同性方面去发展。变态的同性恋和自我恋究竟普遍到什么程度，我们无法确说；但是乡土社会中结义性的组织，"不愿同日生，但愿同日死"的亲密结合，多少表示了感情方向走入同性关系的一层里的程度已经并不很浅。在女性方面的极端事例是华南的姊妹组织①，在女性文学里所流露的也充满着冯小青②式的自恋声调。可惜我们对于中国人的感情生活太少分析，关于这方面的话我们只能说到这里为止了。

---

① 指"自梳女"，清末至民国时期，许多女工有了可观的收入，经济独立，她们看到一些姐妹出嫁后，在婆家地位低微，经常受气，不甘受此束缚，情愿终身不嫁。
② 明朝女词人，代表作为《小青词》。冯小青被认为是林黛玉的原型。

　　缺乏两性间的求同的努力，也减少了一个不在实利上打算的刺激。中国乡土社会中那种实用的精神安下了现世的色彩。儒家不谈鬼，"祭神如神在"，可以说对于切身生活之外都漠然没有兴趣。一般人民更会把天国现世化，并不想用理想去改变现实，天国实现在这世界上，而把现实作为理想的底稿，把现世推进天国。对生活的态度是以克己来迁就外界，那就是改变自己去适合于外在的秩序。所以我们可以说这是古典的，也是阿波罗式的。

　　社会秩序范围①着个性，为了秩序的维持，一切足以引起破坏秩序的要素都被遏制着。男女之间的鸿沟从此筑下。乡土社会是个男女有别的社会，也是个安稳的社会。

---

① 此处意为限制。

微信扫码，名师视频课
深度解读《乡土中国》

礼治秩序

普通常有以"人治"和"法治"相对称，而且认为西洋是法治的社会，我们是"人治"的社会。其实这个对称的说法并不是很清楚的。法治的意思并不是说法律本身能统治，能维持社会秩序，而是说社会上人和人的关系是根据法律来维持的。法律还得靠权力来支持，还得靠人来执行，法治其实是"人依法而治"，并非没有人的因素。

现代论法理的学者中有些极重视人的因素。他们注意到在应用法律于实际情形时，必须经过法官对于法律条文的解释。法官的解释对象虽则是法律条文，但是决定解释内容的却包含很多因素，法官个人的偏见，甚至是否有胃病，以及社会的舆论都是极重要的。于是他们认为法律不过是法官的判决。这自是片面的说法，因为法官并不能任意下判决的,他的判决至少也须被认为是根据法律的,但是这种看法也告诉我们所谓法治绝不能缺少人的因素了。

这样说来,人治和法治有什么区别呢?如果人治是法治的对面,意思应当是"不依法律的统治"了。统治如果是指社会秩序的维持,我们很难想象一个社会的秩序可以不必靠什么力量就可以维持,人和人的关系可以不根据什么规定而自行配合的。如果不根据法律,根据什么呢?望文生义地说来,人治好像是指有权力的人任凭一己之好恶来规定社会上人和人的关系的意思。我很怀疑这种"人治"是可能发生的。如果共同生活的人们,相互的行为、权利和义务,没有一定规范可守,依着统治者好恶来决定,而好恶也无法预测的话,社会必然会混乱,人们会不知道怎样行动,那是不可能的,因之也说不上"治"了。

所谓人治和法治之别,不在"人"和"法"这两个字上,而是在维持秩序时所用的力量和所根据的规范的性质。

乡土社会秩序的维持,有很多方面和现代社会秩序的维持是不相同的。可是所不同的并不是说乡土社会是"无法无天",或者说"无需规律"。的确有些人这样想过。返璞归真的老子觉得只要把社区的范围缩小,在鸡犬相闻而不相往来的小国寡民的社会里,社会秩序无需外力来维持,单凭每个人的本能或良知,就能相安无事了。这种想法也并不限于老子。就是在现代交通之下,全世界的经济已密切相关到成为一体时,美国还有大多数人信奉着古典经济学里的自由竞争的理想,反对用人为的"计划"和"统制"来维持经济秩序,而认为在自由竞争下,冥冥之中,自有一双看不见的手,会为人们理出一个合于道德的经济秩序来的。不论在社会、政治、经济各个范围中,都有认为"无政府"是最理想的状态,当然所谓"无政府"决不是等于"混乱",而是一种"秩序",一种不需规律的秩序,一种自动的秩序,是"无治而治"的社会。

可是乡土社会并不是这种社会,我们可以说这是个"无法"的社会,假如我们把法律限于以国家权力所维持的规则;但是"无法"并不影响这社会的秩序,因为乡土社会是"礼治"的社会。

让我先说明,礼治社会并不是指文质彬彬,像《镜花缘》①里所描写的君子国一般的社会。礼并不带有"文明",或是"慈善",或是"见了人点个头"、不穷凶极恶的意思。礼也

---

① 清代文人李汝珍创作的长篇小说。

可以杀人,可以很"野蛮"。譬如在印度有些地方,丈夫死了,妻子得在葬礼里被别人用火烧死,这是礼。又好像在缅甸有些地方,一个人成年时,一定要去杀几个人头回来,才能完成为成年礼而举行的仪式。我们在旧小说里也常读到杀了人来祭旗,那是军礼。——礼的内容在现代标准看去,可能是很残酷的。残酷与否并非合礼与否的问题。"子贡欲去告朔之饩羊。子曰:'赐也,尔爱其羊,我爱其礼。'"恻隐之心并没有使孔子同意于取消相当残忍的行为。

礼是社会公认合式的行为规范。合于礼的就是说这些行为是做得对的,对是合式的意思。如果单从行为规范一点说,本和法律无异,法律也是一种行为规范。礼和法不相同的地方是维持规范的力量。法律是靠国家的权力来推行的。"国家"是指政治的权力,在现代国家没有形成前,部落也是政治权力。而礼却不需要这有形的权力机构来维持。维持礼这种规范的是传统。

传统是社会所累积的经验。行为规范的目的是在配合人们的行为以完成社会的任务,社会的任务是在满足社会中各分子的生活需要。人们要满足需要必须相互合作,并且采取有效技术,向环境获取资源。这套方法并不是由每个人自行设计,或临时聚集了若干人加以规划的。人们有学习的能力，上一代所试验出来有效的结果，可以教给下一代。这样一代一代地累积出一套帮助人们生活的方法。从每个人说，在他出生之前，已经有人替他准备下怎样去应付人生道上所可能发生的问题了。他只要"学而时习之"就可以享受满足需要的愉快了。

文化本来就是传统，不论哪一个社会，绝不会没有传统的。衣食住行种种最基本的事务，我们并不要事事费心思，那是因为我们托祖宗之福，——有着可以遵守的成法。但是在乡土社会中，传统的重要性比现代社会更甚。那是因为在乡土社会里传统的效力更大。

乡土社会是安土重迁的，生于斯、长于斯、死于斯的社会。不但是人口流动很小，而且人们所取给资源的土地也很少变动。在这种不分秦汉，代代如是的环境里，个人不但可以信任自己的经验，而且同样可以信任若祖若父的经验。一个在乡土社会里种田的老农所遇着的只是四季的转换，而不是时代变更。一年一度，周而复始。前人所用来解决生活问题的方案，尽可抄袭来作自己生活的指南。愈是经过前代生活中证明有效的，也愈值得保守。于是"言必尧舜"，好古是生活的保障了。

　　我自己在抗战时,疏散在昆明乡下,初生的孩子,整天啼哭不定,找不到医生,只有请教房东老太太。她一听哭声就知道牙根上生了"假牙",是一种寄生菌,吃奶时就会发痛,不吃奶又饿。她不慌不忙地要我们用咸菜和蓝青布去擦孩子的嘴腔。一两天果然好了。这地方有这种病,每个孩子都发生,也因之每个母亲都知道怎样治,那是有效的经验。只要环境不变,没有新的细菌侵入,这套不必讲学理的应付方法,总是有效的。既有效也就不必问理由了。

　　像这一类的传统,不必知之,只要照办,生活就能得到保障的办法,自然会随之发生一套价值。我们说"灵验",就是说含有一种不可知的魔力在后面。依照着做就有福,不依照了就会出毛病。于是人们对于传统也就渐渐有了敬畏之感了。

　　如果我们对行为和目的之间的关系不加推究,只按着规定的方法做,而且对于规定的方法带着不这样做就会有不幸的信念时,这套行为也就成了我们普通所谓"仪式"了。礼是按着仪式做的意思。"礼"字本是从豊从示①。豊是一种祭器,示是指一种仪式。

---

① "礼"的繁体字为"禮"。

礼并不是靠一个外在的权力来推行的，而是从教化中养成了个人的敬畏之感，使人服膺；人服礼是主动的。礼是可以为人所好的，所谓"富而好礼"。孔子很重视服礼的主动性，在下面一段话里说得很清楚：

颜渊问仁。子曰："克己复礼为仁。一日克己复礼，天下归仁焉。为仁由己，而由人乎哉？"颜渊曰："请问其目。"子曰："非礼勿视，非礼勿听，非礼勿言，非礼勿动。"颜渊曰："回虽不敏，请事斯语矣。"

这显然是和法律不同了，甚至不同于普通所谓道德。法律是从外限制人的，不守法所得到的罚是由特定的权力所加之于个人的。人可以逃避法网，逃得脱还可以自己骄傲、得意。道德是社会舆论所维持的，做了不道德的事，见不得人，那是不好；受人唾弃，是耻。礼则有甚于道德：如果失礼，不但不好，而且不对、不合、不成。这是个人习惯所维持的。十目所视，十手所指的，即使在没有人的地方也会不能自已。曾子易箦①是一个很好的例子。礼是合式的路子，是经教化过程而成为主动性的服膺于传统的习惯。

---

① 典出《礼记》。箦（zé），竹编床席。孔子的学生曾子严守礼法，病死前依然坚持换掉高于自己身份使用的床席。

礼治从表面看去好像是人们行为不受规律拘束而自动形成的秩序。其实自动的说法是不准确的,只是主动地服于成规罢了。孔子一再地用"克"字、用"约"字来形容礼的养成,可见礼治并不是离开社会,由于本能或天意所构成的秩序了。

礼治的可能必须以传统可以有效地应付生活问题为前提。乡土社会满足了这前提,因之它的秩序可以用礼来维持。在一个变迁很快的社会,传统的效力是无法保证的。不管一种生活的方法在过去是怎样有效,如果环境一改变,谁也不能再依着法子去应付新的问题了。所应付的问题如果要由团体合作的时候,就得大家接受个同意的办法,要保证大家在规定的办法下合作应付共同问题,就得有个力量来控制各个人了。这其实就是法律,也就是所谓"法治"。

法治和礼治是发生在两种不同的社会情态中。这里所谓礼治也许就是普通所谓人治,但是"礼治"一词不会像"人治"一词那样容易引起误解,以致有人觉得社会秩序是可以由个人好恶来维持的了。礼治和这种个人好恶的统治相差很远,因为礼是传统,是整个社会历史在维持这种秩序。礼治社会是并不能在变迁很快的时代中出现的,这是乡土社会的特色。

无讼

　　在乡土社会里，一说起"讼师"，大家就会联想到"挑拨是非"之类的恶行。做刀笔吏的在这种社会里是没有地位的。可是在都市里律师之上还要加个"大"字，报纸的封面可能全幅是律师的题名录。而且好好的公司和个人，都会去请律师作常年顾问。在传统眼光中，都市真是个是非场，规矩人是住不得的了。

　　讼师改称律师，更加"大"字在上；打官司改称"起诉"；包揽是非改称"法律顾问"——这套名词的改变正代表了社会性质的改变，也就是礼治社会变为法治社会。

　　在都市社会中一个人不明白法律，要去请教别人，并不是件可耻之事。事实上，普通人在都市里居住，求生活，很难

076

知道有关生活、职业的种种法律。法律成了专门知识。不知道法律的人却又不能在法律之外生活。在有秩序的都市社会中，在法律之外生活就会捣乱社会的共同安全，于是这种人不能不有个顾问了。律师地位的重要从此获得。

但是在乡土社会的礼治秩序中做人，如果不知道"礼"，就成了撒野，没有规矩，简直是个道德问题，不是个好人。一个负责地方秩序的父母官，维持礼治秩序的理想手段是教化，而不是折狱。如果非打官司不可，那必然是因为有人破坏了传统的规矩。在旧小说上，我们常见的听讼，亦称折狱的程序是：把"犯人"拖上堂，先各打屁股若干板，然后一方面大呼冤枉。父母官用了他"看相"式的眼光，分出那个"獐头鼠目"，必非好人，重加呵责，逼出供状，结果好恶分辨，冤也伸了，大呼青天。——这种程序在现代眼光中，会感觉到没有道理；但是在乡土社会中，这却是公认正当的。否则为什么这类记载，《包公案》《施公案》等能成了传统的畅销书呢？

我在上一次杂话中已说明了礼治秩序的性质。在这里我可以另打一个譬喻来说明：在我们比赛足球时，裁判官吹了叫子①，说那个人犯规，那个人就得受罚，用不着由双方停

---

① 即哨子。

了球辩论。最理想的球赛是裁判员形同虚设（除了做个发球或出界的信号员）。为什么呢？那是因为每个参加比赛的球员都应当事先熟悉规则，而且都事先约定根据双方同意的规则比赛，裁判员是规则的权威。他的责任是在察看每个球员的动作不越出规则之外。一个有 Sportsmanship①的球员并不会在裁判员的背后，向对方的球员偷偷地打一暗拳。如果发生此类事情，不但裁判员可以罚他，而且这个球员，甚至全球队的名誉即受影响。球员对于规则要谙熟，技艺要能做到从心所欲而不逾规的程度，他需要长期的训练。如果发生有意犯规的举动，就可以说是训练不良，也是指导员的耻辱。

这个譬喻可以用来说明乡土社会对于讼事的看法。所谓礼治就是对传统规则的服膺。生活各方面，人和人的关系，都有着一定的规则。行为者对丁这些规则从小就熟习，不问理由而认为是当然的。长期的教育已把外在的规则化成了内在的习惯。维持礼俗的力量不在身外的权力，而是在身内的良心。所以这种秩序注重修身，注重克己。理想的礼治是每个人都自动地守规矩，不必有外在的监督。但是理想的礼治秩序并不是常有的。一个人可以为了自私的动机，偷

---

① 意为：运动员精神。

偷地越出规矩。这种人在这种秩序里是败类无疑。每个人知礼是责任,社会假定每个人是知礼的,至少社会有责任要使每个人知礼。所以"子不教"成了"父之过"。这也是乡土社会中通行"连坐"的根据。儿子做了坏事情,父亲得受刑罚,甚至教师也不能辞其咎,教得认真,子弟不会有坏的行为。打官司也成了一种可羞之事,表示教化不够。

在乡村里所谓调解,其实是一种教育过程。我曾在乡下参加过这类调解的集会。我之被邀,在乡民看来是极自然的,因为我是在学校里教书的,读书知礼,是权威。其他负有调解责任的是一乡的长老。最有意思的是保长从不发言,因为他在乡里并没有社会地位,他只是个干事。调解是个新名词,旧名词是评理。差不多每次都由一位很会说话的乡绅开口。他的公式总是把那被调解的双方都骂一顿。"这简直是丢我们村子里脸的事!你们还不认了错,回家去。"接着教训了一番。有时竟拍起桌子来发一阵脾气。他依着他认为"应当"的告诉他们。这一阵却极有效,双方时常就"和解"了,有时还得罚他们请一次客。我那时常觉得像是在球场旁看裁判官吹哨子,罚球。

我记得一个很有意思的案子:某甲已上了年纪,抽大烟。长子为了全家的经济,很反对他父亲有这嗜好,但也不便干涉。次子不务正业,偷偷抽大烟,时常怂恿老父亲抽大烟,他可以分润一些。有一次给长子看见了,就痛打他的弟弟,这弟弟赖在老父身上。长子一时火起,骂了父亲。家里大闹起来,被人拉到乡公所来评理。那位乡绅,先照例认为这是件全村的丑事。接着动用了整个伦理原则:小儿子是败类,看上去就不是好东西,最不好,应当赶出村子。大儿子骂了父亲,该罚。老父亲不知道管教儿子,还要抽大烟,受了一顿教训。这样,大家认了罚回家。那位乡绅回头和我发了一阵牢骚:一代不如一代,真是世风日下。

子曰:"听讼,吾犹人也,必也使无讼乎。"——当时体会到了孔子说这话时的神气了。

现代都市社会中讲个人权利,权利是不能侵犯的。国家保护这些权利,所以定下了许多法律。一个法官并不考虑道德问题、伦理观念,他并不在教化人。刑罚的用意已经不复"以儆效尤",而是在保护个人的权利和社会的安全。尤其在民法范围里,他并不是在分辨是非,而是在厘定权利。在英美以判例为基础的法律制度下,很多时间诉讼的目的是在获得以后可以遵守的规则。一个变动中的社会,所有的规则是不能不变动的,环境改变了,相互权利不能不跟着改变。事实上并没有两个案子的环境完全相同,所以个人的权利应当怎样厘定，时常成为问题，因之构成诉讼，以获取可以遵守的判例，所谓 Test case①。在这种情形里自然不发生道德问题了。

现代的社会中并不把法律看成一种固定的规则，法律一定得随着时间而改变其内容。也因之，并不能盼望各个在社会里生活的人都能熟悉这与时俱新的法律，所以不知道法律并不成为"败类"。律师也成了现代社会中不可缺的职业。

中国正处在从乡土社会蜕变的过程中，原有对诉讼的观念还是很坚固地存留在广大的民间，也因之使现代的司法不能彻底推行。第一是现行法里的原则是从西洋搬过来的，和旧有的伦理观念相差很大。我在前几篇杂话中已说过，在中国传统的差序格局中，原本不承认有可以施行于一切人的统一规则，而现行法却是采用个人平等主义的。这一套已经使普通老百姓不明白，在司法制度的程序上又是隔膜到不知怎样利用。在乡间普通人还是怕打官司的，但是新的司法制度却已推行下乡了。那些不容于乡土伦理的人物从此却找到了一种新的保障。他们可以不服乡间的调解而

① 测试方法。

告到司法处去。当然，在理论上，这是好现象，因为这样才能破坏原有的乡土社会的传统，使中国能走上现代化的道路。但是事实上，到司法处去打官司的，正是那些乡间所认为"败类"的人物。依着现行法去判决（且把贪污那一套除外），时常可以和地方传统不合。乡间认为坏的行为却正可以是合法的行为，于是司法处在乡下人的眼光中成了一个包庇作恶的机构了。

有一位兼司法官的县长曾和我谈到过很多这种例子。有个人因妻子偷了汉子打伤了奸夫。在乡间这是理直气壮的。但是和奸没有罪，何况又没有证据，殴伤却有罪。那位县长问我：他怎么判好呢？他更明白，如果是善良的乡下人，自己知道做了坏事决不会到衙门里来的。这些凭借一点法律知识的败类，却会在乡间为非作恶起来，法律还要去保护他。我也承认这是很可能发生的事实。现行的司法制度在乡间发生了很特殊的副作用，它破坏了原有的礼治秩序，但并不能有效地建立起法治秩序。法治秩序的建立不能单靠制定若干法律条文和设立若干法庭，重要的还得看人民怎样去应用这些设备。更进一步，在社会结构和思想观念上还得先有一番改革。如果在这些方面不加以改革，单把法律和法庭推行下乡，结果法治秩序的好处未得，而破坏礼治秩序的弊病却已先发生了。

无为政治

　　论权力的人多少可以分成两派,两种看法:一派是偏重在社会冲突的一方面,另一派是偏重在社会合作的一方面。两者各有偏重,所看到的不免也各有不同的地方。

　　从社会冲突一方面着眼的,权力表现在社会不同团体或阶层间主从的形态里。在上的是握有权力的,他们利用权力去支配在下的,发号施令,以他们的意志去驱使被支配者的行动。权力,依这种观点说,是冲突过程的持续,是一种休战状态中的临时平衡。冲突的性质并没有消弭,但是武力的阶段过去了,被支配的一方面已认了输,屈服了。但是他们并没有甘心接受胜利者所规定下的条件,非心服也。于是两方面的关系中发生了权力。权力是维持这关系所必需的手段,它是压迫性质的,是上下之别。从这种观点看去,政府,甚至国家组织,凡是握有这种权力的,都是统治者的工具。跟下去还可以说,政府,甚至国家组织,只存在于阶级斗争的过程中。如果有一天"阶级斗争"的问题解决了,社会上不分阶级了,政府,甚至国家组织,都会像秋风里的梧桐叶一般自己凋谢落地。——这种权力我们不妨称之为横暴权力。

从社会合作一方面着眼的,却看到权力的另一性质。社会分工的结果使得每个人都不能"不求人"而生活。分工对于每个人都是有利的,因为这是经济的基础,人可以花费较少劳力得到较多收获;劳力是成本,是痛苦的,人靠了分工,减轻了生活担子,增加了享受。享受固然是人所乐从的,但贪了这种便宜,每个人都不能自足了,不能独善其身,不能不管"闲事",因为如果别人不好好地安于其位地做他所分的工作,就会影响自己的生活。这时,为了自己,不能不干涉人家了。同样,自己如果不尽其分,也会影响人家,受着人家的干涉。这样就发生了权利和义务,从干涉别人一方面说是权利,从自己接受人家的干涉一方面说是义务。各人都有维持各人的工作、维护各人可以互相监督的责任。没有人可以"任意"依自己高兴去做自己想做的事,而得遵守着大家同意分配的工作。可是这有什么保障呢? 如果有人不遵守怎么办呢? 这就发生了共同授予的权力。这种权力的基础是社会契约,是同意。社会分工愈复杂,这权力也愈扩大。如果不愿意受这种权力的限制，只有回到"不求人"的境界里去做鲁滨逊，那时才真的顶天立地。不然，也得"小国寡民"以减少权力。再说得清楚些，得抛弃经济利益，不讲享受，像人猿泰山一般回到原始生活水准上去。不然的话，这种权力也总解脱不了。——这种权力我们不妨称之为同意权力。

这两种看法都是有根据的，并不冲突的，因为在人类社会里这两种权力都存在，而且在事实层里，统治者，所谓政府，总同时代表着这两种权力，不过是配合的成分上有不同。原因是社会分化不容易，至少以已往的历史说，只有合作而没有冲突。这两种过程常是互相交割，错综混合，冲突里有合作，合作里有冲突，不很单纯的。所以上面两种性质的权力是概念上的区别，不常是事实上的区分。我们如果要明白一个社区的权力结构就不能不从这两种权力怎样配合上去分析。有的社区偏重在这方面，有的社区偏重在那方面。而且更可以在一社区中，某些人间发生那一种权力关系，某些人间发生另一种权力关系。譬如说美国，表面上是偏重同意权力的，但是种族之间，事实上，却依旧是横暴权力在发生作用。

有人觉得权力本身是具有引诱力的，人有"权力的饥饿"。这种看法忽略了权力的工具性。人也许因为某种心理变态可能发生单纯的支配欲或所谓Sadism（残酷的嗜好），但这究竟不是正常。人们喜欢的是从权力得到的利益。如果握在手上的权力并不能得到利益，或是利益可以不必握有权力也能得到的话，权力引诱也就不会太强烈。譬如英国有一次民意测验，愿意自己孩子将来做议员或做阁员的人的比例很低。在英国做议员或做阁员的人薪水虽低，还是有着社会荣誉的报酬，大多数的人对此尚且并无急于攀登之意，如果连荣誉都不给的话，使用权力的人真成为公仆时，恐怕世界上许由、务光①之类的人物也将不足为奇了。

权力之所以引诱人，最主要的应当是经济利益。在同意权力下，握有权力者并不是为了要保障自身特殊的利益，所以社会上必须用荣誉和高薪来延揽。至于横暴权力和经济利益的关系就更为密切了。统治者要用暴力来维持他们的地位不能是没有目的的，而所具的目的也很难想象不是经济的。我们很可以反过来说，如果没有经济利益可得，横暴权力也就没有多大的意义，因之也就不易发生。

---

① 许由和务光都是古时的隐士贤人。相传帝尧想传位于许由，许由认为受到污辱，便到颍水洗耳朵。汤建商朝后，想让位于务光，务光觉得羞耻，因此负石投河而死。

甲团体想用权力来统治乙团体以谋得经济利益，必须有一前提：就是乙团体的存在可以供给这项利益；说得更明白一些，乙团体的生产量必须能超过他的消费量，然后有一些剩余去引诱甲团体来征服他。这是极重要的。一个只有生产他生存必需的消费品的人是并没有资格做奴隶的。我说这话意思是想指出农业社会中横暴权力的限制。在广西瑶山里调查时，我常见到汉人侵占瑶人的土地，而并不征服瑶人来做奴隶。原因当然很多，但主要的一个，依我看来，是土地太贫乏，而种水田的瑶人，并不肯降低生活程度，做汉人的佃户。如果瑶人打不过汉人，他们就放弃土地搬到别处去。在农业民族的争斗中，最主要的方式是把土著赶走而占据他们的土地自己来耕种。尤其是在人口已经很多，劳力可以自足，土地利用已到了边际的时候更是如此。我们读历史，常常可以找到"坑卒几万人"之类的记录，至于见人便杀的流寇，一直到不久之前还是可能遭遇的经验。这种情形大概不是工业性的侵略权力所能了解的。

我并不是说在农业性的乡土社会基础上并不能建立横暴权力。相反，我们常常见到这种社会是皇权的发祥地，那是因为乡土社会并不是一个富于抵抗能力的组织。农业民族受游牧民族的侵略是历史上不断的记录。这是不错的，东方的农业平原正是帝国的领域，但是农业的帝国是虚弱的，因为皇权并不能滋长壮健，能支配强大的横暴权力的基础不足，农业的剩余跟着人口增加而日减，和平又给人口增加的机会。

中国的历史很可助证这个看法：一个雄图大略的皇权，为了开疆辟土，筑城修河，这些原不能说是什么虐政，正可视作一笔投资，和罗斯福①造田纳西工程性质可以有相类之处。但是缺乏储蓄的农业经济却受不住这种工程的费用，没有足够的剩余，于是怨声载道，与汝偕亡地和皇权为难了。这种有为的皇权不能不同时加强它对内的压力，费用更大，陈涉吴广之流，揭竿而起，天下大乱了。人民死亡遍地，人口减少了，于是乱久必合，又形成一个没有比休息更能引诱人的局面，皇权力求无为，所谓养民。养到一个时候，皇权逐渐累积了一些力量，这力量又刺激皇帝的雄图大略，这种循环也因而复始。

为了皇权自身的维持，在历史的经验中，找到了"无为"的生存价值，确立了无为政治的理想。

---

① 罗斯福（1882—1945），美国第32任总统。在20世纪30年代经济大萧条期间，罗斯福推行新政以提供失业救济与复苏经济，并成立众多机构来改革经济和银行体系，从经济危机的深渊中挽救了美国。

　　横暴权力有着这个经济的拘束，于是在天高皇帝远的距离下，把乡土社会中人民切身的公事让给了同意权力去活动了。可是同意权力却有着一套经济条件的限制。依我在上面所说的，同意权力是分工体系的产物。分工体系发达，这种权力才能跟着扩大。乡土社会是个小农经济，在经济上每个农家，除了盐铁之外，必要时很可关门自给。于是我们很可以想象同意权力的范围也可以小到"关门"的程度。在这里我们可以看到的是乡土社会里的权力结构，虽则名义上可以说是"专制""独裁"，但是除了自己不想持续的末代皇帝之外，在人民实际生活上看，是松弛和微弱的，是挂名的，是无为的。

长老统治

要了解乡土社会的权力结构，只从我在上篇所分析的横暴权力和同意权力两个概念去看还是不够的。我们固然可以从乡土社会的性质上去说明横暴权力所受到事实上的限制，但是这并不是说乡土社会权力结构是普通所谓"民主"形式的。民主形式根据同意权力，在乡土社会中，把横暴权力所加上的一层"政府"的统治揭开，在传统的无为政治中这层统治本是并不很强的，基层上所表现出来的也并不完全是许多权利上相等的公民共同参与的政治。这里正是讨论中国基层政治性质的一个谜。有人说中国虽没有政治民主，却有社会民主。也有人说中国政治结构可分为两层，不民主的一层压在民主的一层上边。这些看法都有一部分近似，说近似而不说确当是因为这里还有一种权力，既不是横暴性质，也不是同意性质；既不是发生于社会冲突，也不是发生于社会合作。它是发生于社会继替的过程,是教化性的权力,或是说爸爸式的,英文里是 Paternalism。

社会继替是我在《生育制度》一书中提出来的一个新名词,但并不是一个新的概念,这就是指社会成员新陈代谢的过程。生死无常,人寿有限。从个人说这个世界不过是个逆旅,寄寓于此的这一阵子,久暂相差不远。但是这个逆旅却是有着比任何客栈、饭店更复杂和更严格的规律。没有一个新来的人,是在进门之前就明白这一套的。不但如此,到这"逆旅"里来的,又不是由于自己的选择,来了之后又不得任意搬家;只此一家,别无分店。当然,在这大店里有着不同部分,每个部分,我们称之为不同文化的区域,有着不完全一样的规律,但是有规律这一点却并无轩轾。没有不在墙壁上挂着比"十诫"还多的"旅客须知"的。因之,每个要在这逆旅里生活的人就得接受一番教化,使他能在这些众多规律下,从心所欲而不碰着铁壁。

社会中的规律有些是社会冲突的结果,也有些是社会合作的结果。在个人行为的四周所张起的铁壁,有些是横暴的,有些是同意的。但是无论如何,这些规律是要人遵守的,规律的内容是要人明白的。人如果像蚂蚁或是蜜蜂,情形也就简单了。群体生活的规律有着生理的保障,不学而能。人的规律类皆人为。用筷子夹豆腐,穿了高跟鞋跳舞不践别人的脚,真是难为人的规律;不学,不习,固然不成,学习时还得不怕困,不惮烦。不怕困,不惮烦,又非天性;于是不能不加以一些强制。强制发生了权力。

这样发生的权力并非同意,又非横暴。说孩子们必须穿鞋才准上街是一种社会契约未免过分。所谓社会契约必先假定个人的意志。个人对于这种契约虽则并没有自由解脱的权利,但是这种契约性的规律在形成的过程中,必须尊重各个人的自由意志,民主政治的形式就是综合个人意志和社会强制的结果。在教化过程中并不发生这个问题,被教化者并没有选择的机会。他所要学习的那一套,我们称作文化的,是先于他而存在的。我们不用"意志"加在未成年的孩子的人格中,就因为在教化过程里并不需要这种承认。其实,所谓意志并不像生理上的器官一样是慢慢长成的,这不是心理现象,而是社会的承认。在维持同意秩序中,这是个必需的要素;在别的秩序中也就不发生了。我们不承认未成年的人有意志,也就说明了他们并没有进入同意秩序的事实。

我曾说:"孩子碰着的不是一个为他方便而设下的世界,而是一个为成人们方便所布置下的园地。他闯入进来,并没有带着创立新秩序的力量,可是又没有个服从旧秩序的心愿。"①从并不征求，也不考虑他们同意与否而设下他们必须适应的社会生活方式的一方面说，教化他们的人可以说是不民主的，但若说是横暴却又不然。横暴权力是发生于社会冲突，是利用来剥削被统治者以获得利益的工具。如果说教化过程是剥削性的，显然也是过分的。我曾称这是个"损己利人"的工作，一个人担负一个胚胎培养到成人的责任，除了精神上的安慰外，物质上有什么好处呢？"成人"的时限降低到生理上尚是儿童的程度，从而开始"剥削"，也许是可以发生的现象，但是为经济打算而生男育女，至少是一件打算得不大精到的亏本生意。

从表面上看，"一个孩子在一小时中所受到的干涉，一定会超过成年人一年中所受社会指摘的次数。在最专制的君王手下做老百姓，也不会比一个孩子在最疼他的父母手下过日子更为难过"。②但是性质上严父和专制君王究竟是不同的。所不同的就在教化过程是代替社会去陶炼出合于在一定的文化方式中经营群体生活的分子。担负这工作的，一方面可以说是为了社会，一方面也可以说是为了被教化者，并不是统治关系。

①②《生育制度》一〇一页。

教化性的权力虽则在亲子关系里表现得最明显，但并不限于亲子关系。凡是文化性的，不是政治性的强制都包含这种权力。文化和政治的区别就在这里：凡是被社会不成问题地加以接受的规范，是文化性的；当一个社会还没有共同接受一套规范，各种意见纷呈，求取临时解决办法的活动是政治。文化的基础必须是同意的，但文化对于社会的新分子是强制的，是一种教化过程。

在变化很少的社会里，文化是稳定的，很少新的问题，生活是一套传统的办法。如果我们能想象一个完全由传统所规定下的社会生活，这社会可以说是没有政治的，有的只是教化。事实上固然并没有这种社会，但是乡土社会却是靠近这种标准的社会。"为政不在多言""无为而治"都是描写政治活动的单纯。也是这种社会，人的行为有着传统的礼管束着。儒家很有意思想形成一个建筑在教化权力上的王者；他们从没有热心于横暴权力所维持的秩序。"苛政猛于虎"的政是横暴性的，"为政以德"的政是教化性的。"为民父母"是爸爸式权力的意思。

教化权力的扩大到成人之间的关系必须得假定个稳定的文化。稳定的文化传统是有效的保证。我们如果就个别问题求个别应付时，不免"活到老，学到老"，因为每一段生活所遇着的问题都是不同的。文化像是一张生活谱,我们可以按着问题去查照。所以在这种社会里没有我们现在所谓成年的界限。凡是比自己年长的,他必定先发生过我现在才发生的问题,他也就可以是我的"师"了。三人行,必有可以教给我怎样去应付问题的人。而每一个年长的人都握有强制年幼的人的教化权力:"出则悌",逢着年长的人都得恭敬、顺服于这种权力。

在我们客套中互问年龄并不是偶然的,这礼貌正反映出我们这个社会里相互对待的态度是根据长幼之序。长幼之序也点出了教化权力所发生的效力。在我们亲属称谓中,长幼是一个极重要的原则,我们分出兄和弟、姊和妹、伯和叔,在许多别的民族并不这样分法。我记得老师史禄国先生曾提示过我:这种长幼分划是中国亲属制度中最基本的原则,有时可以掩盖世代原则。亲属原则是在社会生活中形成的,长幼原则的重要也表示了教化权力的重要。

文化不稳定,传统的办法并不足以应付当前的问题时,教化权力必然跟着缩小,缩进亲子关系、师生关系,而且更限于很短的一个时间。在社会变迁的过程中,人并不能靠经验作指导。能依赖的是超出个别情境的原则,而能形成原则、应用原则的却不一定是长者。这种能力和年龄的关系不大，重要的是智力和专业，还可加一点机会。讲机会，年幼的比年长的反而多。他们不怕变，好奇，肯试验。在变迁中，习惯是适应的阻碍，经验等于顽固和落伍。顽固和落伍并非只是口头上的讥笑，而是生存机会上的威胁。在这种情形中，一个孩子用小名来称呼他的父亲，不但不会引起父亲的呵责，反而是一种亲热的表示，同时也给父亲一种没有被挤的安慰。尊卑不在年龄上，长幼成为没有意义的比较，见面也不再问贵庚了。——这种社会离乡土性也远了。

回到我们的乡土社会来，在它的权力结构中，虽则有着不民主的横暴权力，也有着民主的同意权力，但是在这两者之外还有教化权力，后者既非民主又异于不民主的专制，是另有一工的。所以用民主和不民主的尺度来衡量中国社会，都是也都不是，都有些像，但都不确当。一定要给它一个名词的话，我一时想不出比"长老统治"更好的说法了。

血缘和地缘

缺乏变动的文化里，长幼之间发生了社会的差次，年长的对年幼的具有强制的权力。这是血缘社会的基础。血缘的意思是人和人的权利和义务根据亲属关系来决定。亲属是由生育和婚姻所构成的关系。血缘，严格说来，只指由生育所发生的亲子关系。事实上，在单系的家庭组织中所注重的亲属确多由于生育而少由于婚姻，所以说是血缘也无妨。

生育是社会持续所必需的，任何社会都一样，所不同的是说有些社会用生育所发生的社会关系来规定各人的社会地位，有些社会却并不如此。前者是血缘的。大体上说来，血缘社会是稳定的，缺乏变动；变动得大的社会，也就不易成为血缘社会。社会的稳定是指它结构的静止，填入结构中各个地位的个人是不能静止的，他们受着生命的限制，不能永久停留在那里，他们是要死的。血缘社会就是想用生物上的新陈代谢作用——生育，去维持社会结构的稳定。父死子继：农人之子恒为农，商人之子恒为商——那是职业的血缘继替；贵人之子依旧贵——那是身份的血缘继替；富人之子依旧富——那是财富的血缘继替。到现在固然很少社会能完全抛弃血缘继替，那是以亲属来担负生育的时代不易做到的。但是社会结构如果发生变动，完全依血缘去继替也属不可能。生育没有社会化之前，血缘作用的强弱似乎是以社会变迁的速率来决定。

血缘所决定的社会地位不容个人选择。世界上最用不上意志，同时在生活上又是影响最大的决定，就是谁是你的父母。谁当你的父母，在你说，完全是机会，且是你存在之前的既存事实。社会用这个无法竞争，又不易藏没、歪曲的事实来作分配各人的职业、身份、财产的标准，似乎是最没有理由的了；如果有理由的话，那是因为这是安稳既存秩序的最基本的办法。只要你接受了这原则（我们有谁曾认真地怀疑过这事实？我们又有谁曾想为这原则探讨过存在的理由？）社会里很多可能引起的纠纷也随着不发生了。

血缘是稳定的力量。在稳定的社会中，地缘不过是血缘的投影，不分离的。"生于斯，死于斯"把人和地的因缘固定了。生，也就是血，决定了他的地。世代间人口的繁殖，像一个根上长出的树苗，在地域上靠近在一伙。地域上的靠近可以说是血缘上亲疏的一种反映，区位是社会化了的空间。我们在方向上分出尊卑：左尊于右，南尊于北，这是血缘的坐标。空间本身是混然的，但是我们却用了血缘的坐标把空间划分了方向和位置。当我们用"地位"两字来描写一个人在社会中所占的据点时，这个原是指"空间"的名词却有了社会价值的意义。这也告诉我们"地"的关联派生于社会关系。

在人口不流动的社会中，自足自给的乡土社会的人口是不需要流动的，家族这个社群包含着地域的涵义①。村落这个概念可以说是多余的。儿谣里"摇摇摇，摇到外婆家"，在我们自己的经验中，"外婆家"充满着地域的意义。血缘和地缘的合一是社区的原始状态。

但是人毕竟不是植物，还是要流动的。乡土社会中无法避免的是"细胞分裂"的过程，一个人口在繁殖中的血缘社群，繁殖到一定程度，他们不能在一定地域上集居了，那是因为这个社群所需的土地面积，因人口繁殖，也得不断地扩大。扩大到一个程度，住的地和工作的地距离太远，阻碍着

---

① 现多用"含义"。

效率时，这个社群就不能不在区位上分裂。——这还是以土地可以无限扩张时说的。事实是，每个家族可以向外开垦的机会很有限，人口繁殖所引起的常是向内的精耕，精耕受着土地报酬递减律的限制，逼着这个社群分裂，分出来的部分另外到别的地方去找耕地。

如果分出去的细胞能在荒地上开垦，另外繁殖成个村落，它和原来的乡村还是保持着血缘的联系，甚至用原来地名来称这新地方，那是说否定了空间的分离。这种例子在移民社会中很多。在美国旅行的人，如果只看地名，会发生这是个"揉乱了的欧洲"的幻觉。新英伦、纽约（新约克）是著名的；伦敦、莫斯科等地名在美国地图上都找得到，而且不只一个。就拿我们自己来说吧，血缘性的地缘更是显著。我十岁就离开了家乡吴江，在苏州城里住了九年，但是我一直在各种文件的籍贯项下填着"江苏吴江"。抗战时期在云南住了八年，籍贯毫无改变，甚至生在云南的我的孩子，也继承着我的籍贯。她的一生大概也得老是填"江苏吴江"了。我们的祖宗在吴江已有二十多代，但是在我们的灯笼上却贴着"江夏费"的大红字。江夏是在湖北，从地缘上说我有什么理由和江夏攀关系？真和我的孩子一般，凭什么可以和她从来没有到过的吴江发生地缘呢？在这里很显然在我们乡土社会里地缘还没有独立成为一种构成团结力的关系。我们的籍贯是取自我们的父亲的,并不是根据自己所生或所住的地方,而是和姓一般继承的,那是"血缘",所以我们可以说籍贯只是"血缘的空间投影"。

很多离开老家漂流到别地方去的并不能像种子落入土中一般长成新村落,他们只能在其他已经形成的社区中设法插进去。如果这些没有血缘关系的人能结成一个地方社群,他们之间的联系可以是纯粹的地缘,而不是血缘了。这样血缘和地缘才能分离。但是事实上这在中国乡土社会中却相当困难。我常在各地的村子里看到被称为"客边""新客""外村人"等的人物。在户口册上也有注明"寄籍"的。在现代都市里都规定着可以取得该地公民权的手续,主要的是一定的居住时期。但是在乡村里居住时期并不是个重要条件,因为我知道许多村子里已有几代历史的人还是被称为"新客"或"客边"的。

我在江村和禄村调查时都注意过这问题:"怎样才能成为村子里的人?"大体上说有几个条件:第一是要生根在土里:在村子里有土地。第二是要从婚姻中进入当地的亲属圈子。这几个条件并不是容易的,因为在中国乡土社会中土地并不充分自由买卖。土地权受着氏族的保护,除非得到氏族的同意,很不易把土地卖给外边人。婚姻的关系固然是取得地缘的门路，一个人嫁到了另一个地方去就成为另一个地方的人（入赘使男子可以进入另一地方社区），但是已经住入了一个地方的"外客"却并不容易娶得本地人做妻子，使他的儿女有个进入当地社区的机会。事实上大概先得有了土地，才能在血缘网中生根。——这不过是我的假设，还得更多比较材料加以证实，才能成立。

这些寄居于社区边缘上的人物并不能说已插入了这村落社群中，因为他们常常得不到一个普通公民的权利，他们不被视作自己人，不被人所信托。我已说过乡土社会是个亲密的社会，这些人却是"陌生"人，来历不明，形迹可疑。可是就在这个特性上却找到了他们在乡土社会中的特殊职业。

亲密的血缘关系限制着若干社会活动，最主要的是冲突和竞争；亲属是自己人，从一个根本上长出来的枝条，原则上是应当痛痒相关，有无相通的。而且亲密的共同生活中各人互相依赖的地方是多方面和长期的，因之在授受之间无法一笔一笔地清算往回。亲密社群的团结性就依赖于各分子间都相互地拖欠着未了的人情。在我们社会里看得最清楚，朋友之间抢着会账①，意思是要对方欠自己一笔人情，

_____

① 意为付账。

像是投一笔资。欠了别人的人情就得找一个机会加重一些去回个礼，加重一些就在使对方反欠了自己一笔人情。来来往往，维持着人和人之间的互助合作。亲密社群中既无法不互欠人情，也最怕"算账"。"算账""清算"等于绝交之谓，因为如果相互不欠人情，也就无需往来了。

但是亲属不管怎样亲密，终究还是体外之己；虽说痛痒相关，事实上痛痒是走不出皮肤的。如果要维持这种亲密团体中的亲密，不成为"不是冤家不碰头"，也必须避免太重叠的人情。社会关系中权利和义务必须有相当的平衡，这平衡可以在时间上拉得很长，但是如果是一面倒，社会关系也就要吃不消，除非加上强制的力量，不然就会折断的。防止折断的方法之一是减轻社会关系上的担负。举一个例子来说：云南乡下有一种称上赛的钱会，是一种信用互助组织。我调查了参加赛的人的关系，看到两种倾向，第一是避免同族的亲属，第二是侧重在没有亲属关系的朋友方面。我问他们为什么不找同族亲属入赛？他们的理由是很现实的。同族的亲属理论上有互通有无、相互救济的责任，如果有能力，有好意，不必入赛就可以直接给钱帮忙。事实上，这种慷慨的亲属并不多，如果拉了入赛，假若不按期交款时，碍于人情不能逼，结果赛也吹了。所以他们干脆不找同族亲属。其他亲属如舅家的人虽有入赛的，但是也常发生不交款的事。我调查时就看到一位赛首为此发急的情形。他很感慨地说:钱上往来最好不要牵涉亲戚。这句话就是我刚才所谓减轻社会关系上的担负的注解。

社会生活愈发达,人和人之间的往来也愈繁重,单靠人情不易维持相互间权利和义务的平衡。于是"当场算清"的需要也增加了。货币是清算的单位和媒介,有了一定的单位,清算时可以正确;有了这媒介可以保证各人间所得和所欠的信用。"钱上往来"就是这种可以当场清算的往来,也就是普通包括在"经济"这个范围之内的活动,狭义地说就是生意经,或是商业。

在亲密的血缘社会中商业是不能存在的。这并不是说这种社会不发生交易,而是说他们的交易是以人情来维持的,是相互馈赠的方式。实质上馈赠和贸易都是有无相通,只在清算方式上有差别。以馈赠来经营大规模的易货在太平洋岛屿间还可以看得到。Malinowski[1]所描写和分析的Kulu 制度[2]就是一个例证。但是这种制度不但复杂,而且很受限制。普通的情形是在血缘关系之外去建立商业基础。在

---

[1] 马林诺夫斯基(1884—1942),英国社会人类学家。他最大的贡献在于提出了新的民族志写作方法。

[2] Kulu 制度特指美拉尼西亚群岛东南部特罗布里恩德岛民的交易制度。

我们乡土社会中,有专门作贸易活动的街集。街集时常不在村子里,而在一片空场上,各地的人到这特定的地方,各以"无情"的身份出现。在这里大家把原来的关系暂时搁开,一切交易都得当场算清。我常看见隔壁邻舍大家老远地走上十多里在街集上交换清楚之后,又老远地背回来。他们何必到街集上去跑这一趟呢,在门前不是就可以交换的吗?这一趟是有作用的,因为在门前是邻舍,到了街集上才是"陌生"人。当场算清是陌生人间的行为,不能牵涉其他社会关系的。

在从街集贸易发展到店面贸易的过程中,"客边"的地位就有了特殊的方便了。寄籍在血缘性社区边缘上的外边人成了商业活动的媒介。村子里的人对他可以讲价钱,可以当场算清,不必讲人情,没有什么不好意思。所以依我所知道的村子里开店面的,除了穷苦的老年人摆个摊子,等于是乞丐性质外,大多是外边来的"新客"。商业是在血缘之外发展的。

地缘是从商业里发展出来的社会关系。血缘是身份社会的基础,而地缘却是契约社会的基础。契约是指陌生人中所作的约定。在订定契约时,各人有选择的自由,在契约进行中,一方面有信用,一方面有法律。法律需要一个同意的权力去支持。契约的完成是权利义务的清算，须要精密的计算，确当的单位，可靠的媒介。在这里是冷静的考虑，不是感情，于是理性支配着人们的活动——这一切是现代社会的特性，也正是乡土社会所缺的。

从血缘结合转变到地缘结合是社会性质的转变，也是社会史上的一个大转变。

名实的分离

我们把乡土社会看成一个静止的社会不过是为了方便，尤其是在和现代社会相比较时，静止是乡土社会的特点，但是事实上完全静止的社会是不存在的，乡土社会不过比现代社会变得慢而已。说变得慢，主要的意思自是指变动的速率，但是不同的速率也引起了变动方式上的殊异。我在本文里将讨论乡土社会速率很慢的变动中所形成的变动方式。

我在上面讨论权力的性质时已提出三种方式：一是在社会冲突中所发生的横暴权力；二是从社会合作中所发生的同意权力；三是从社会继替中所发生的长老权力。现在我又想提出第四种权力，这种权力发生在激烈的社会变迁过程之中。社会继替是指人物在固定的社会结构中的流动；社会变迁却是指社会结构本身的变动。这两种过程并不是冲突的,而是同时存在的,任何社会决不会有一天突然变出一个和旧有结构完全不同的样式,所谓社会变迁,不论怎样快,也是逐步的,所变的,在一个时候说,总是整个结构中的一小部分。因之从这两种社会过程里所发生出来的两种权力也必然同时存在。但是它们的消长却互相关联。如果社会变动得慢,长老权力也就更有势力;变得快,"父不父,子不子"的现象就会发生,长老权力也会随着缩小。

社会结构自身并没有要变动的需要。有些学者,好像我在上文所提到的那位 Spengler,把社会结构(文化中的一主要部分)视作有类于有机体,和我们身体一般,有幼壮老衰等阶段。我并不愿意接受他们的看法,因为我认为社会结构,像文化的其他部分一般,是人造出来的,是用来从环境里取得满足生活需要的工具。社会结构的变动是人要它变的,要它变的原因是在它已不能答复人的需要。好比我们用笔写字,笔和字都是工具,目的是在想用它们来把我们的意思传达给别人。如果我们所要传达的对象是英国人,中文和毛笔就不能是有效的工具了,我们得用别的工具——英文和打字机。

这样说来社会变迁常是发生在旧有社会结构不能应付

新环境的时候。新的环境发生了，人们最初遭遇到的是旧方法不能获得有效的结果，生活上发生了困难。人们不会在没有发觉旧方法不适用之前就把它放弃的。旧的生活方法有习惯的惰性。但是如果它已不能答复人们的需要，它终必会失去人们对它的信仰，守住一个没有效力的工具是没有意义的，会引起生活上的不便，甚至蒙受损失。另一方面，新的方法却又不是现存的，必须有人发明，或是有人向别种文化去学习，输入，此外，还得经过试验，才能被人接受，完成社会变迁的过程。在新旧交替之际，不免有一个惶惑、无所适从的时期，在这个时期，心理上充满着紧张、犹豫和不安。这里发生了"文化英雄"，他提得出办法，有能力组织新的试验，能获得别人的信任。这种人可以支配跟从他的群众，发生了一种权力。这种权力和横暴权力并不相同，因为它并不是建立在剥削关系之上的；和同意权力又不同，因为它并不是由社会所授权的；和长老权力更不同，因为它并不根据传统的。它是时势所造成的，无以名之，名之曰时势权力。

这种时势权力在初民社会中常可以看到。在荒原上，人们常常遭遇不平常的环境，他们需要有办法的人才，那是英雄。在战争中，也是非常的局面，这类英雄也脱颖而出。现代社会又是一个变迁剧烈的社会，这种权力也在抬头了。最有意思的就是在一个落后的国家要赶紧现代化的过程中,这种权力表现得也最清楚。我想我们可以从这个角度去看苏联的权力性质。英美的学者把它归入横暴权力的一类里,因为它形式上是独裁的;但是从苏联人民的立场来看,这种独裁和沙皇的独裁却不一样,如果我们采用这个时势权力的概念看去,就比较容易了解它的本质了。

这种权力最不发达的是在安定的社会中。乡土社会,当它的社会结构能答复人们生活的需要时,是一个最容易安定的社会,因之它也是个很少有"领袖"和"英雄"的社会。所谓安定是相对的,指变得很慢。如果我单说"很慢",这话句并不很明朗,一定要说出慢到什么程度。其实孔子已回答过这问题,他的答案是"三年无改于父之道"。换一句话来说,社会变迁可以吸收在社会继替之中的时候,我们可以称这社会是安定的。

儒家所注重的"孝"道,其实是维持社会安定的手段,孝的解释是"无违",那就是承认长老权力。长老代表传统,遵守传统也就可以无违于父之教。但是传统的代表是要死亡的,而且自己在时间过程中也会进入长老的地位。如果社会变迁的速率慢到可以和世代交替的速率相等,亲子之间,或是两代之间,不致发生冲突,传统自身慢慢变,还是可以保持长老的领导权。这种社会也就不需要"革命"了。

从整个社会看，一个领导的阶层如果能追得上社会变迁的速率，这社会也可以避免因社会变迁而发生的混乱。英国是一个很好的例子。很多人羡慕英国能不流血而实行种种富于基本性的改革，但很多人都忽略了他们所以能这样的条件。英国在过去几个世纪中，就整个世界的文化来说是处于领导地位，它是工业革命的老家。英国社会中的领导阶层却又是最能适应环境变动的，环境变动的速率和领导阶层适应变动的速率配得上才不致发生流血的革命。英国是否能保持这个纪录，还得看他们是否能保持这种配合。

乡土社会环境固定，在父死三年之后才改变他的道的速率中，社会变迁也不致引起人事的冲突。在人事范围中，长老保持他们的权力，子弟们在无违的标准中接受传统的统治。在这里不发生"反对"，长老权力也不容忍反对。长老权力是建立在教化作用之上的，教化是有知对无知，如果所传递的文化是有效的，被教的自没有反对的必要；如果所传递的文化已经失效，根本也就失去了教化的意义。"反对"在这种关系里是不发生的。

容忍，甚至奖励、反对在同意权力中才发生，因为同意权力建立在契约上，执行这权力的人是否遵行契约是一个须随时加以监督的问题。而且反对，也就是异议，是获得同意的必要步骤。在横暴权力之下，没有反对，只有反抗，因为反对早就包含在横暴权力的关系中。因之横暴权力必须压制反抗，不能容忍反对。在时势权力中，反对是发生于对同一问题不同的答案上，但是有时，一个社会不能同时试验多种不同的方案，于是在不同方案之间发生了争斗，也可以称作"冷仗"，宣传战，争取人民的跟从。为了求功，每一个自信可以解决问题的人，都会感觉到别种方案会分散群众对自己的方案的注意和拥护，因之产生了不能容忍反对的"思想统制"。在思想争斗中，主要的是阵线，反对变成了对垒。

回到长老权力下的乡土社会说，反对被时间冲淡，成了"注释"。注释是维持长老权力的形式而注入变动的内容。在中国的思想史中，除了社会变迁急速的春秋战国这一个时期，有过百家争鸣的思想争斗的场面外，自从定于一尊之后，也就在注释的方式中求和社会的变动谋适应。注释的变动方式可以引起名实之间发生极大的分离。在长老权力下，传统的形式是不准反对的，但是只要表面上承认这形式，内容却可以经注释而改变。结果不免是口是心非。在中国旧式家庭中生长的人都明白家长的意志怎样在表面的无违下，事实上被歪曲的。虚伪在这种情境中不但是无可避免而且是必需的。对不能反对而又不切实用的教条或命令只有加以歪曲，只留一个面子。面子就是表面的无违。名实之间的距离跟着社会变迁速率而增加。在一个完全固定的社会结构里是不会发生这距离的，但是事实上完全固定的社会并不存在。在变得很慢的社会中发生了长老权力，这种统治不能容忍反对，社会如果加速地变动，注释式歪曲原意的办法也就免不了。挟天子以令诸侯的结果，位与权，名与实，言与行，话与事，理论与现实，全趋向于分离了。

从欲望到需要

　　提起了时势权力使我又想到关于社会变迁另一问题，也就是现在我们常常听到的社会计划，甚至社会工程等一套说法。很明显的，这套名字是现代的，不是乡土社会中所熟习的。这里其实包含着一个重要的变化，如果我们要明白时势权力和长老权力的差别，我们还得在这方面加以探讨。人类发现社会也可以计划，是一个重大的发现，也就是说人类已走出了乡土性的社会了。在乡土社会里是没有这想法的。在乡土社会中人可以靠欲望去行事，但在现代社会中欲望并不能作人们行为的指导，于是产生"需要"，因之有了"计划"。从欲望到需要是社会变迁中一个很重要的里程碑，让我先把欲望和需要这两个概念区别一下。

　　观察人类行为，我们常可以看到人类并不是为行为而行为,为活动而活动的,行为或是活动都是手段,是有所为而为的。不但你自己可以默察自己,一举一动,都有个目的,要吃饭才拿起筷子来,要肚子饿了才吃饭……总是有个"要"在领导自己的活动;你也可问别人:"为什么你来呢?有什么事吗?"我们也总可以从这问题上得到别人对于他们的行为的解释。于是我们说人类行为是有动机的。

说人类行为是有动机的包含着两个意思:一是人类对于自己的行为是可以控制的,要这样做就这样做,不要这样做就不这样做,也就是所谓意志;一是人类在取舍之间有所根据,这根据就是欲望。欲望规定了人类行为的方向,就是上面所说要这样要那样的"要"。这个"要"是先于行为的,要得了,也就是欲望满足了,我们会因之觉得愉快;欲望不满足,要而得不到,周身不舒服。在英文里欲望和要都是 want,同时 want 也作缺乏解。缺乏不只是一种状态的描写,而是含有动的意思,这里有股劲,由不舒服而引起的劲,它推动了人类机体有所动作,这个劲也被称作"紧张状态",表示这状态是不能持久,必须发泄的,发泄而成行为,获得满足。欲望——紧张——动作——满足——愉快,那是人类行为的过程。

欲望如果要能通过意志对行为有所控制,它必须是行为者所自觉的。自觉是说行为者知道自己要的是什么。在欲望一层上说这是不错的,可是这里却发生了一个问题,人类依着欲望而行为,他们的行为是否必然有利于个体的健全发展,和有利于社会间各个人的融洽配合,社会的完整和持续?这问题在这里提出来并不是想考虑性善性恶,而是从人类生存的事实上发生的。如果我们走出人类的范围,远远地站着,像看其他生物一般地看人类,我们可以看见人类有着相当久的历史了,他们做了很多事,这些事使人类能生存和绵续下去,好像个人的健全发展和社会的完整是他们的目的。但是逼近一看,拉了那些人问一问,他们却说出了很多和这些目的毫不相关的欲望来了。你在远处看男女相接近,生了孩子,男女合作,抚养孩子,这一套行为是社会完整所必需的,如果没有孩子出生,没有人领孩子,人类一个个死去,社会不是会乱了,人类不是断绝了吗?你于是很得意去问这些人,他们却对你说:"我们是为了爱情,我们不要孩子,孩子却来了。"他们会笑你迂阔,天下找不到有维持人类种族的欲望的人,谁在找女朋友时想得着这种书本上的大问题?

同样地,你在远处看,每天人都在吃淀粉、脂肪,吃维他命A、维他命C,一篇很长的单子,你又回去在实验室研究了一下,发现一点不错,淀粉供给热料,维他命A给人这个那个——合于营养,用以维持生命。但是你去找一个不住在现代都市的乡下佬问他,为什么吃辣子、大蒜,他会回答你:"这才好吃,下饭的呀。"

爱情,好吃,是欲望,那是自觉的。直接决定我们行为的确是这些欲望。这些欲望所引导出来的行为是不是总和人类生存的条件相合的呢?这问题曾引起过很多学者的讨究。我们如果从上面这段话看去,不免觉得人类的欲望确乎有点微妙,他们尽管要这个要那个,结果却常常正合于他们生存的条件。欲望是什么呢?食色性也,那是深入生物基础的特性。这里似乎有一种巧妙的安排,为了种族绵续,人会有两性之爱;为了营养,人会有五味之好。因之,在十九世纪发生了一种理论说,每个人只要能"自私",那就是充分地满足我们本性里带来的欲望,社会就会形成一个最好、最融洽的秩序。亚当·斯密①说,"冥冥中那只看不见的手"会安排个社会秩序给每个为自己打算的人们去好好生活的。

这种理论所根据的其实并非现代社会而是乡土社会,因为在乡土社会中,这种理论多少可以说是正确的,正确的

① 亚当·斯密(1723—1790),英国经济学家,现代经济学之父。代表作有《国富论》。

原因并不是真是有个"冥冥中"的那只手,而是在乡土社会中个人的欲望常是合于人类生存条件的。两者所以合,那是因为欲望并非生物事实,而是文化事实。我说它是文化事实,意思是人造下来教人这样想的。譬如说,北方人有吃大蒜的欲望,并不是遗传的,而是从小养成的。所谓"自私",为自己打算,怎样打算法却还是由社会上学来的。问题不是在要的本身,而是在要什么的内容。这内容是文化所决定的。

我说欲望是文化事实,这句话并没有保证说一切文化事实都是合于人类生存条件的。文化中有很多与人类生存条件无关甚至有害的。就是以吃一项来说,如果文化所允许我们入口的东西样样都是合于营养原则的,我们也不至于有所谓毒物一类的东西了。就是不谈毒物,普通的食品,还是可以助证"病从口入"的说法。再说得远一些,我常觉得把"生存"作为人类最终的价值是不太确切的。人类如果和其他动植物有些不同的地方,最重要的,在我看来,就在人在生存之外找到了若干价值标准,所谓真善美之类。我也常喜欢以"人是生物中唯一能自杀的种类"来说明人之异于禽兽的"几希"①。——但是,人类主观上尽管有比生存更重要的

---

① 典出《孟子·离娄下》,原文为"人之所以异于禽兽者几希"。"几希"即"一丁点儿"。

价值，文化尽管有一部分可以无关及无益于人类的生存，这些不合于生存的条件的文化以及接受不合于生存条件的文化的人，却在时间里被淘汰了。他们不存在了。淘汰作用的力量并不限于文化之内，也有在文化之外的，是自然的力量。这力量并不关心于价值问题；美丑，善恶，真伪，对它是无关的，它只列下若干条件，不合则去，合则留。我们可以觉得病西施是美，但是自然却并不因她美而保留她，病的还是要死的，康健才是生存的条件。自然不禁止人自杀，但是没有力量可以使自杀了的还能存在。

于是另外一种说法发生了。孙末楠①在他的名著 *Folk ways* 开章明义就说：人类先有行为，后有思想。决定行为的是从试验与错误的公式中累积出来的经验，思想只有保留这些经验的作用，自觉的欲望是文化的命令。

在一个乡土社会中，这也是正确的，那是因为乡土社会是个传统社会，传统就是经验的累积，能累积就是说经得起自然选择的，各种"错误"——不合于生存条件的行为——被淘汰之后留下的那一套生活方式。不论行为者对于这套方式怎样说法，它们必然是有助于生存的。

---

① W.G.Summer,（1840—1910），美国社会学家。*Folk ways* 为其代表作《民俗论》。

在这里更可以提到的是，在乡土社会中有很多行为我们自以为是用来达到某种欲望或目的，而在客观的检讨中，我们可以看到这些行为却在满足主观上并没有自觉的需要，而且行为和所说的目的之间毫无实在的关联。巫术是这种行为最明显的例子。譬如驱鬼，实际上却是驱除了心理上的恐惧。鬼有没有是不紧要的，恐惧却得驱除。

在乡土社会中欲望经了文化的陶冶可以作为行为的指导，结果是印合于生存的条件。但是这种印合并不是自觉的，并不是计划的，乡土文化中微妙的配搭可以说是天工，而非人力，虽则文化是人为的。这种不自觉的印合，有它的弊病，那就是如果环境变了，人并不能做主动的有计划的适应，只能如孙末楠所说的盲目地经过错误与试验的公式来找新的办法。乡土社会环境不很变，因之文化变迁的速率也慢，人们有时间可以从容地做盲目的试验，错误所引起的损失不会是致命的。在工业革命的早期，思想家还可以把社会秩序交给"冥冥中那只看不见的手"，其实一直到目前，像美国那样发达的文化里，那样复杂的社会里，居然还有这样大的势力在反对计划经济。但是这时候要维持乡土社会中所养成的精神是有危险的了。出起乱子来，却非同小可了。

社会变动得快，原来的文化并不能有效地带来生活上的满足时，人类不能不推求行为和目的之间的关系了。这时发现了欲望并不是最后的动机，而是为了达到生存条件所造下的动机。于是人开始注意到生存条件的本身了——在社会学里产生了一个新的概念——"功能"。功能是从客观地位去看一项行为对于个人生存和社会完整上所发生的作用。功能并不一定是行为者所自觉的，而是分析的结果，是营养而不是味觉。这里我们把生存的条件变成了自觉，自觉的生存条件是"需要"，用以别于"欲望"。现代社会里的人开始为了营养选择他们的食料，这是理性的时代，理性是指人依了已知道的手段和目的的关系去计划他的行为，所以也可以说是科学化的。

在现代社会里知识即是权力，因为在这种社会里生活的人要依他们的需要去做计划。从知识里得来的权力是我在上文中所称的时势权力；乡土社会是靠经验的，他们不必计划，因为时间过程中，自然替他们选择出一个足以依赖的传统的生活方案。各人依着欲望去活动就得了。

后记

　　这集子里所收的 14 篇论文是从我过去一年所讲"乡村社会学"的课程中所整理出来的一部分。我这门课程已讲过好几遍，最初我采用美国的教本作参考，觉得不很惬意，又曾用我自己调查的材料讲，而那时我正注意中国乡村经济一方面的问题，学生们虽觉得有兴趣，但是在"乡村社会学"中讲经济问题未免太偏，而且同时学校有"土地经济学"和"比较经济制度"等课程，未免重复太多。过去一年我决定另起炉灶，甚至暂时撇开经济问题，专从社会结构本身来发挥。初次试验离开成熟之境还远，但这也算是我个人的一种企图。

　　以我个人在社会学门内的工作说，这是我所努力的第二期。第一期的工作是实地的社区研究。我离开清华大学研究院之后就选择了这方面。二十四年①的夏天,我和前妻王同惠女士一同到广西瑶山去研究当地瑶民的生活。那年冬天在山里遭遇了不幸,前妻未获生回,我亦负伤,一直在广州医院度过了春天才北返。在养病期间,我整理了前妻的遗稿,写成了《花篮瑶社会组织》。二十五年夏天我到自己家乡调查了一个村子,秋天到英国,整理材料,在老师 Malinowski 教授指导之下,写成了 *Peasant Life in China*②一书,在二十七年返国前付印,二十八年出版。返国时抗战已进入第二年③,所以我只能从安南入云南,住下了,得到中英庚款④的资助,在云南开始实地研究工作,写出了一本《禄村农田》。后来得农民银行的资助,成立了一个小规模的研究室,附设于云南大学,系云大和燕京大学合作机关。我那时的工作是帮忙年轻朋友们一起下乡调查,而且因为昆明轰炸频繁,所以在二十九年冬迁到呈贡古城村的魁星阁。这个研究室从此得到了"魁阁"这个绰号。我们进行的工作有好几个计划,前后参加的也有十多人,有结果的是:张之毅先生的《易村手工业》《玉村农业和商业》《洱村小农经济》;史国衡先生的

---

① 指民国二十四年,即 1935 年,下文同。
② 即《江村经济》。
③ 即 1938 年。按"十四年抗战"提法,此时应是抗战的第八个年头。
④ 1900 年即庚子年,八国联军侵华,清政府于次年签订了《辛丑条约》,"庚款"即《辛丑条约》中的赔款。1926 年初,英国国会通过了退还中国庚子赔款的议案,该退款主要用于教育项目。

《昆厂劳工》《个旧矿工》；谷苞先生的《化城镇的基层行政》；田汝康先生的《芒市边民的摆》《内地女工》；胡庆钧先生的《呈贡基层权力结构》。其中有若干业已出版。我是魁阁的总助手，帮着大家讨论和写作，甚至抄钢笔板和油印。三十二年我到美国去了一年，把《禄村农田》《易村手工业》和《玉村农业和商业》改写成英文，成为 *Earthbound China* 一书，《昆厂劳工》改写成 *China Enters the Machine Age*。三十三年回国，我一方面依旧继续做魁阁的研究工作，同时在云大和联大兼课，开始我的第二期工作。第二期工作是社会结构的分析，偏于通论性质，在理论上总结并开导实地研究。《生育制度》是这方面的第一本著作，这本《乡土中国》可以说是第二本。我在这两期的研究工作中虽则各有偏重，但在性质上是连贯的。为了要说明我选择这些方向来发展中国的社会学的理由，我不能不在这里一述我所认识的现代社会学的趋势。

***

社会学在社会科学中是最年轻的一门。孔德（Comte）[1]在他《实证哲学》里采取这个名字到现在还不过近一百年，

---

[1] 奥古斯特·孔德(1798—1857)，法国著名的哲学家，社会学的创始人。

而孔德用这名词来预言的那门研究社会现象的科学应当相等于现在我们所谓"社会科学"的统称。斯宾塞(Spencer)[1]也是这样,他所谓社会学是研究社会现象的总论。把社会学降为和政治学、经济学、法律学等社会科学并列的一门学问,并非创立这名称的早年学者所意想得到的。

社会学能不能成为一门特殊的社会科学其实还是一个没有解决的问题。这里牵涉到了社会科学领域的划分。如果我们承认政治学、经济学有它们特殊的领域,我们也承认了社会科学可以依社会制度加以划分:政治学研究政治制度,经济学研究经济制度等。社会现象能分多少制度也就可以成立多少门社会科学。现在的社会学,从这种立场上说来,只是个没有长成的社会科学的老家。一旦长成了,羽毛丰满,就可以闹分家,独立门户去了。这个譬喻确实是说明了现代社会学中的一个趋势。

讥笑社会学的朋友曾为它造下了个"剩余社会科学"的绰号。早年的学者像孟德斯鸠[2],像亚当·斯密,如果被称作

---

[1] 赫伯特·斯宾塞(1820—1903),英国哲学家、社会学家、教育家,被称为"社会达尔文主义之父"。
[2] 查理·路易·孟德斯鸠(1689—1755),法国思想家、律师,西方国家学说及法学理论的奠基人,一位百科全书式的学者。

社会学家并非过分,像《法意》①,像《原富》②一类的名著,包罗万象,单说是政治学和经济学未免偏重。但是不久他们的门徒们把这些大师们的余绪发挥申引,蔚成家数,都以独立门户为荣,有时甚至讨厌老家的渊源。政治学、经济学既已独立,留在"社会学"领域里的只剩了些不太受人问津的、虽则并非不重要的社会制度,好像包括家庭、婚姻、教育等的生育制度,以及宗教制度等等。有一个时期,社会学抱残守缺地只能安于"次要制度"的研究里。这样,它还是守不住这老家的,没有长成的还是会长成的。在最近十多年来,这"剩余领域"又开始分化了。

在这次大战③之前的几年里,一时风起云涌地产生了各种专门性质的社会学,好像孟汉(Karl Mannheim)④的知识社会学,Joachim Wach⑤的宗教社会学,叶林(Eugen Ehrlich)⑥的法律社会学,甚至人类学家斐司(Raymond Firth)⑦称他

---

① 今译《论法的精神》。
② 今译《国富论》。
③ 即第二次世界大战,开始于 1939 年 9 月 1 日,结束于 1945 年 9 月 2 日。
④ 今译卡尔·曼海姆(1893—1947),德国社会学家,经典社会学和知识社会学的创始人。
⑤ 约阿欣·瓦哈(1898—1955),德国社会学家,宗教社会学的代表。
⑥ 今译欧根·埃利希(1862—1922),奥地利法学家,法国社会学创始人。
⑦ 今译雷蒙德·弗恩(1901—2002),英国社会学家,现代人类学的代表。

*We, the Tikopia*①的调查报告作亲属社会学。按这种趋势发展下去,都可以独立成为知识学、宗教学、法律学和亲属学的。它们还愿意拖着社会学的牌子,其实并不是看得起老家,比政治学和经济学心肠软一些,而是因为如果直称知识学或宗教学就不易和已经占领着这些领域的旧学问相混。知识学和知识论字面上太近似,宗教学和神学又使人不易一见就分得清楚。拖着个"社会学"的名词表示是"以科学方法研究该项制度"的意思。"社会学"这名词在这潮流里表面上是热闹了,但是实际上却连"剩余社会科学"的绰号都不够资格了,所剩的几等于零了。

让我们重回到早期的情形看一看。在孔德和斯宾塞之后有一个时期许多别的科学受了社会学的启发,展开了"社会现象和其他现象交互关系"的研究,我们不妨称作"边缘科学"。这种研究在中国社会学中曾占很重要的地位。我记得在十五年左右以前,世界书局曾出过一套社会学丛书,其中主要的是:社会的地理基础、心理基础、生物基础、文化基础等的题目。孔德早已指出宇宙现象的级层,凡是在上级的必然以下级为基础,因之也可以用下级来"解释"上级。社会现象正处于顶峰,所以从任何其他现象都可以用来解释它

① 译为《我们,蒂寇皮亚人》。

的。从解释进而成为"决定论",就是说社会现象决定于其他现象。这样引诱了很多在其他科学里训练出来的学者进入社会学里来讨论社会现象,因而就从社会学里引出了许多派别:机械学派、生物学派、地理学派、文化学派。苏洛金(Sorokin)①曾写了一本《当代社会学学说》来介绍这许多派别。这书已有中译本(黄凌霜译,商务印书馆出版),我在这里不必赘述。

虽则苏洛金对于各家学说的偏见很有批评,但是我们得承认"边缘科学"的性质是不能不"片面"的。着眼于社会现象和地理接触边缘的,自不能希望他会顾到别的边缘。至于后来很多学者一定要比较哪一个边缘为"重要"因而发生争论,实在是多余的。从边缘说,关系是众多的,也可以是多边的,偏见的形成是执一废百的结果。社会学本身从这些"边缘科学"所得的益处,除了若干多余的争论外还有多少,很难下断语,但是对于其他科学却引起了很多新的发展,好像人文生物学、人文地理等等,在本世纪的前期有了重要的进步,不能不说是受了社会学的影响。

社会现象有它的基础,那是无从否认的;其他现象对社

---

① 今译索罗金(1889—1968),美籍俄裔社会学家。

会现象发生影响,也是事实;但是社会学不能被"基础论"所独占,或自足于各种"决定论",那也是自明的道理。社会学躲到这边际上来是和我上述的社会科学分家趋势相关的。堂奥①既被各个特殊社会科学占领了去,社会学也只能退到门限上,站在门口还要互争谁是大门,怎能不说是可怜相?

社会学也许只有走综合的路线,但是怎样综合呢? 苏洛金在批评了各派的偏见之后,提出了个 X+1 的公式,他的意思是尽管各派偏重各派的边缘,总有一个全周。其实他的公式与其说是"综合"不如说是"总和"。"总"是把各边缘加起来,"和"是调解偏见。可是加起来有什么新的贡献呢? 和事佬的地位也不够作为一门科学的基础。社会学的特色岂能只是面面周到呢?

社会现象在内容上固然可以分成各个制度, 但是这些制度并不是孤立的。如果社会学要成为综合性的科学,从边缘入手自不如从堂奥入手。以社会现象本身来看,如果社会学不成为各种社会科学的总称, 满足于保存一个空洞的名词, 容许各门特殊的社会科学对各个社会制度作专门的研究,它可以从两层上进行综合的工作:一是从各制度的关系

---

① 厅堂和内室的深处。

上去探讨。譬如某一种政治制度的形式常和某一种经济制度的形式相配合，又譬如在宗教制度中发生了某种变动会在政治或经济制度引起某种影响。从各制度的相互关系上着眼，我们可以看到全盘社会结构的格式。社会学在这里可以得到各个特殊的社会科学所留下的，也是它们无法包括的园地。

以全盘社会结构的格式作为研究对象，这对象并不能是概然性的，必须是具体的社区，因为联系着各个社会制度的是人们的生活，人们的生活有时空的坐落，这就是社区。每一个社区有它一套社会结构，各制度配合的方式。因之，现代社会学的一个趋势就是社区研究，也称作社区分析。

社区分析的初步工作是在一定时空坐落中去描画出一地方人民所赖以生活的社会结构。在这一层上可以说是和历史学的工作相通的。社区分析在目前虽则常以当前的社区作研究对象，但这只是为了方便的原因，如果历史材料充分的话，任何时代的社区都同样可作分析对象。

社区分析的第二步是比较研究，在比较不同社区的社会结构时，常会发现每个社会结构都有它配合的原则，原则不同,表现出来结构的形式也不一样。于是产生了"格式"的概念。在英美人类学中这种研究的趋势已经十分明显,好像 Pattern、Configuration、Integration 一类名词都是针对着这种结构方面的研究,我们不妨称之作"结构论"(Structuralism),它是"功能论"(Functionalism)的延续。但是在什么决定"格式"的问题上却还没有一致的意见。在这里不免又卷起"边缘科学"的余波,有些注重地理因素,有些注重心理因素。但这余波和早年分派互讦的情形不完全相同,因为社区结构研究中对象是具体的;有这个综合的中心,各种影响这中心的因素都不致成为抽象的理论,而是可以观察、衡量的作用。

在社区分析这方面,现代社会学却和人类学的一部分通了家。人类学原是一门包罗极广的科学,和社会学一样经历了分化过程,研究文化的一部分也发生了社区研究的趋势。所以这两门学问在这一点上辐辏会合。譬如林德(Lynd)①的 *Middletown*②和马林诺斯基(Malinowski)③在 Trobriad 岛上的调查报告,性质上是相同的。嗣后人类学者开始研究文明

①林德(1892—1970),美国社会学家。
②《中心城》。
③现多译作"马林诺夫斯基"。

131

人的社区,如槐南(Warner)①的 *Yankee City Series*②,艾勃里 (Embree)③的《须惠村》(日本农村)以及拙作 *Peasant Life in China*④和 *Earthbound China*⑤,更不易分辨是人类学或社会学 的作品了。美国社会学大师派克(Park)⑥先生很早就说:社 会学和人类学应当并家,他所主持的芝加哥都市研究就是 应用人类学的方法,也就是我在上面所说的"社区分析"。英 国人类学先驱布朗(Radcliffe-Brown)⑦先生在芝加哥大学讲 学时就用"比较社会学"来称他的课程。

以上所说的只是社会学维持其综合性的一条路线,另 一条路线却不是从具体的研究对象上求综合,而是从社会 现象的共相上着手。社会制度是从社会活动的功能上分出 来的单位:政治、经济、宗教等是指这些活动所满足人们不 同的需要。政治活动和经济活动,如果抽去了它们的功能来 看,原是相同的,都是人和人之间的相互行为。这些行为又

---

① 今译沃纳(1898—1970),美国社会学家、人类学家。
② "扬基城市系列"。
③ 今译恩布里(1908—1950),美国人类学家。
④《江村经济》。
⑤《乡土中国》。
⑥ 今译帕克(1864—1944),美国社会学家,芝加哥学派代表。
⑦ 拉德克利夫–布朗(1881—1955),英国社会人类学家,功能学派创始人之一。

可以从它们的形式上去分类，好像合作、冲突、调和、分离等不同的过程。很早在德国就有形式社会学的发生，席木尔（Simmel）①是这一派学者的代表。冯维瑞（Von Wiese）②的系统社会学经贝干（Becker）③的介绍在美国社会学里也有很大的影响。派克和盘吉斯（Park and Burgess）④的《社会学导论》也充分表明这种被称为"纯粹社会学"的立场。

纯粹社会学是超越于各种特殊社会科学之上的，但是从社会行为作为对象，撇开功能立场，而从形式入手研究，又不免进入心理学的范围。这里又使我们回想到孔德在建立他的科学级层论时对于心理学地位的犹豫了。他不知道应当把心理现象放在社会现象之下，还是之上。他这种犹豫是起于心理现象的二元性：其一是现在所谓生理心理学；其二是现在所谓社会心理学。这两种其实并不隶属于一个层次，而是两片夹着社会现象的面包。纯粹社会学可以说是以最上层的一片为对象的。

① 今译齐美尔(1858—1918)，德国社会学家、哲学家，是 19 世纪末，20 世纪初反实证主义社会学思潮的主要代表之一。
② 今译冯·维泽(1876—1969)，德国社会学家，形式社会学创建人之一。
③ 今译贝克尔(1899—1960)，美国社会学家，芝加哥学派代表。
④ 今译步济时(1883—1949)，美国社会学家。曾任燕京大学教授。

　　总结起来说，现代社会学还没有达到一个为所有被称为社会学者共同接受的明白领域。但在发展的趋势上看去，可以说的是社会学很不容易和政治学、经济学等在一个平面上去分得一个独立的范围。它只有从另外一个层次上去得到一个研究社会现象的综合立场。我在这里指出了两条路线，指向两个方向。很可能是再从这两个方向分成两门学问：把社区分析让给新兴的社会人类学，而由"社会学"去发挥社会行为形式的研究。名称固然是并不重要的，但是社会学内容的常变和复杂确是引起许多误会的原因。

＊＊＊

　　依我这种对社会学趋势的认识来说，《生育制度》可以代表以社会学方法研究某一制度的尝试，而这《乡土中国》却是属于社区分析第二步的比较研究的范围。在比较研究中，先得确立若干可以比较的类型，也就是依不同结构的原则分别确定它所形成的格式。去年春天我曾根据 Mead①女士的 *The American Character* 一书写成一本《美国人的性格》，并在该书的后记里讨论过所谓文化格式的意思。在这

---

① 玛格丽特·米德(1901—1978)，美国人类学家，美国现代人类学成形过程中最重要的学者之一。

里我不再复述了。这两本书可以合着看，因为我在这书里是以中国的事实来说明乡土社会的特性，和 Mead 女士根据美国的事实说明移民社会的特性在方法上是相通的。

我已经很久想整理这些在"乡村社会学"课上所讲的材料，但是总觉得还没有成熟，所以迟迟不敢下笔。去年暑假里，张纯明先生约我为《世纪评论》长期撰稿，盛情难却，才决定在这学期中，随讲随写，随写随寄，随寄随发表，一共已有十几篇。储安平先生约我在观察丛书里加入一份，才决定重新编了一下，有好几篇重写了，又大体上修正了一遍。不是他们的督促和鼓励，我是不会写出这本书的，但也是因为他们限期限日地催稿，使我不能等很多概念成熟之后才发表，其中有很多地方是还值得推考。这算不得是定稿，也不能说是完稿，只是一段尝试的记录罢了。

三十七年二月十四日于清华胜因院

（据上海观察社 1947 年版排印）

个人·群体·社会

——一生学术历程的自我思考

费孝通

年近谢幕，时时回首反思多年来在学术园地里走过的道路，迂回曲折；留下的脚印，偏谬卒呈；究其轨迹，颇有所悟。趁这次老友会聚，略作自述，切盼指引，犹望在此生最后的尾程中勉图有所补益。

一

对"社会"历来有两种基本上不同的看法。一是把社会看作众多个人集合生活的群体。严复翻译 sociology 作"群学"。众人为群，一个个人为了生活的需要而聚集在一起形成群体，通过分工合作来经营共同生活，满足各人的生活需要。人原是动物中的一类，衣食男女，七情六欲等生活需要，来源于自然界的演化，得之于个人的生物遗传。在这些方面人和其他动物基本上是一致的，只是生物界演化到了人这个阶段出现了超过其他动物的智力。人被生物学者称之为homo sapiens，sapiens 就是智力的意思。凭此特点人在其满足需要上具备了超过其他动物的智力。人和人能通过共识和会意建立起分工合作的体系，形成了聚居在一起的群体。

严复把 sociology 译作群学，以我的体会说，是肯定活生生的生物人是构成群体的实体，一切群体所创制的行为规范，以及其他所谓文化等一切人为的东西都是服务于人的手段。

另一种看法却认为群体固然是由一个个人聚合而成，没有一个个人也就没有群体，这是简单易明的。但是形成了群体的个人，已经不仅是一个个生物体，他们已超出了自然演化中的生物界，进入了另一个层次，这个层次就是社会界。在这个层次里一个人不仅是生物界中的一个个生物体，或称生物人，而且还是一个有组织的群体里的社会成员，或称社会人。社会是经过人加工的群体。不仅不像其他动物群体那样依从生物的繁育机制吸收新的成员，也不像其他动物一样，每个人可以依它生物遗传的本能在群体里进行生活，在人的社会里，孩子须按社会规定的手续出生入世，生下来就得按社会规定相互对待的程式过日子；在不同时间，不同场合,对待不同的对象,都得按其所处的角色,照着应有的行为模式行事。各个社会都为其成员的生活方式规定着一个谱法。为了方便打个不太完全恰当的比喻,像是一个演员在戏台上都得按指定了的角色照剧本规定的程序进行表演。每一个歌手都得按谱演唱。社会上为其成员规定的行为模式,一般称为规矩,书本上也称礼制或法度。它确是人为的,不是由本能决定的;是经世世代代不断积累和修改传袭下来的成规。通过上一代对下一代的教育,每个人"学而时习之"获得他所处社会中生活的权利和生活的方式。不仅如此,如果一个社会成员不按这些规矩行事,就会受到社会的干涉、制裁、甚至被剥夺掉在这个社会里继续生存下去的机会,真是生死所系。

社会在自然的演化中是继生物世界而出现的一个新的但同样是实在的世界。这个世界是以生物体为基础的,正如生物体是以无生的有机体为基础一样。生命的开始,出现了生物界,生物群体的发展,出现了社会界。人还是动物,但已不是一般的动物,人的群体已不是一般的群体,上升成为社会。从这个角度来看,社会本身是个实体,生物人不能认为是社会的实体,而只是社会的载体。没有生物人,社会实体无法存在,等于说没有有机物质,生物实体无法存在一样。有机物质是生命的载体,生物人是社会的载体。实体和载体不同,实体有自己发展的规律,它可以在载体的新陈代谢中继续存在和发展。正如一个生物人是由无数细胞组成,个别细胞的生死,不决定整个人的寿命。个人的生命正是靠其机体细胞的不断更新而得以延续。同样的社会里的个别成员,因其尚属生物体,还是受生物规律的支配,有生有死,但并不决定社会群体兴衰存亡。因之,生物实体和社会实体是属于自然演化过程中的两个层次。人有两个属性:生物人和社会人。

这一种把社会看成比生物群体高一层次的实体和把社会只看成是人的群体的生活手段,从理论上说是两种不同的看法。

二

我初学社会学时,并没有从理论入手去钻研社会究竟是什么的根本问题。我早年自己提出的学习要求是了解中国人是怎样生活的,了解的目的是在改善中国人的生活。为此我选择了社会学。现在回头看来,我是受上述第一种看法的引导而进入这门学科的。把社会学看作是一门研究人们群体生活的行为学科,很符合严复翻译的意思,社会就是人类的群体。更符合我的主观倾向的是社会所规定的一切成规和制度都是人造出来，满足人的生活需要的手段，如果不能满足就得改造，手段自应服从人的主观要求。中国人民在我这一生中正处在社会巨大变动之世。如果社会制度不是人类的手段，那就好像谈不上人为的改革了。

我第一本翻译的社会著作是奥格朋 Ogburn①的《社会变迁》。那时我还刚刚和社会学接触。这本书给我的印象很深，因为我很同意他的科技进步引起社会变迁的理论。科技变迁了，社会的其他制度也得相应地变迁，不然就出现社会脱节和失调。科技的进步是人为的，是人用来取得生活资源的手段，其他部门向科技适应也得出于人的努力改造已有的制度。这个理论对我很有吸引力。我把这本书翻译成中文，在商务印书馆出版，也可算是我进入社会学这个学科的入门标记。今天提到这件事是想说，我是无意地从上述的对社会第一种看法进入这个学科的，我说无意地因为我当时还没有领会到还有第二种看法，所以并非有意的选择。

接着我在燕京大学学习的最后一年，适逢美国芝加哥大学的派克教授来华讲学。我被他从实地观察来进行社会

---

① 奥格朋（William Fielding Ogburn，1886—1959），今译"奥格本"，美国著名社会学家，主要著作有《社会变迁》和《社会学》（合著）等。

学研究的主张所吸住了,据说这种方法来自人类学,我就决心去学人类学,虽然我当时对人类学还一无所知。我从燕京大学社会系毕业后,由吴文藻先生介绍考入清华大学研究院跟史禄国教授学人类学。史禄国原是帝俄时代国家科学院里的人类学研究员。十月革命时他正在西伯利亚和我国东北考察,研究通古斯人。当时俄国发生了革命,他不愿回国而留在中国进入了当时的中央研究院,后来又和同事们合不来,转入清华大学教书和著书。人类学在中国当时还少为人知,我投入他的门下,成了他所指导的唯一的研究生。

他依据欧洲大陆的传统,认为人类学所包括的范围很广,主要有人类体质、语言、考古、社会和文化。可说是人和人文的总体研究。他为我定下了一个六年的基础学习计划,包括体质人类学、语言学和社会人类学三个部门,规定我以两年为一期,三期完成。我从 1933 年先修体质人类学,同时补习动物学,作为第一期。按清华大学的章程,研究生学习只规定至少两年, 没有限期。我就准备按他的学习计划进行,预备修完三期。到 1935 年暑假我结束了第一期,学会了人体测量和体质类型分析,写出了两篇论文,经过考试委员口试及格,按清华的章程,两年后考试成绩优秀可以取得清华公费留学的资格。1935 年正逢史禄国的休假期,而且他自己又另有打算,决定休假后不再继续在清华任教。所以他

为我作出了新的安排,1935 年暑假后到国内少数民族地区
进行调查一年,然后 1936 年由清华公费出国进修,他不再
自己指导我第二和第三期的学习计划了。

　　我按他的意见,1935 年暑假到广西大瑶山, 现在的金
秀瑶族自治县去进行实地调查。我携带了人体测量仪器以
进行体质调查,并有前妻王同惠同行,共同进行社会调查。
该年 12 月结束了大瑶山里的花篮瑶地区的调查后,准备转
入附近坳瑶地区时,在路上迷失方向,遭遇不幸事故,我自
己负伤,前妻单独离我觅援,溺水身亡。我在医伤和休养期
间按和王同惠一起搜集的资料写成《花篮瑶社会组织》。这
是我第一本社会实地调查的成果。

　　按史禄国所设计的学习进程,这是我超前的行动,因为
社会人类学这一部分是安排在第三期学习计划里的。在编
写这本书之前我只阅读过史禄国关于满族和通古斯族的社
会调查,印象并不深,而且我对社会学理论也并没有系统地
学习过。回想起来,从史禄国老师学到的也许就是比较严格
的科学态度和对各个民族在社会结构上各具特点、自成系
统的认识。所谓各有特点、自成系统就是指社会生活的各部
门是互相配合而发生作用的, 作为一个整体就有它特独的
个性。我通过瑶族的调查,对社会生活各部门之间的密切相

关性看得更清楚和具体了。这种体会就贯穿在我编写的这本《花篮瑶社会组织》里。我从花篮瑶的基本社会细胞家庭为出发点，把他们的政治、经济各方面生活作为一个系统进行了叙述。

瑶山里所取得体质测量资料我没有条件整理，一直携带在行李里，最后在昆明发生李闻事件后仓促离滇全部遗失，花篮瑶的体质报告也就永远写不出来了。但这并不是说我这两年体质人类学的学习对我的学术工作上没有留下影响。除了我对人类的生物基础有了较深的印象外，在分析类型进行比较的科学方法也为我以后的社会学调查开出了一个新的路子。

我原有的学习计划既然发生了改变，1936 年暑假我就准备出国，并由吴文藻先生安排，决定到英国 L.S.E 跟马林诺夫斯基学习社会人类学。比史禄国给我预定的计划，免去了语言学的一节。

从瑶山回到家乡我有一段时间在国内等候办理出国入学手续，我姐姐就利用这段时间为我安排到她正在试办农村生丝精制产销合作社的基地去参观和休息，这是一个离我家不远的太湖边上的一个名叫开弦弓的村子。我利用在村里和农民的往来，进行了一次有类于在瑶山里的社会调查。我带了这份在这村子里收集到有关农民生活的调查资料一起到了伦敦。

我根据这批开弦弓的调查资料写出的提纲，首先得到了当时我在伦敦的导师 Firth 的肯定，随后又得到 Malinowski 的注意，当即决定他自己亲自指导我编写以中国农民生活为主题的博士论文。当时我并不明白为什么我能获这样顺利的学习机会。后来在有人看到我的论文后，向我提出了个问题：你怎么会在没有和 L.S.E 接触之前，就走上了功能学派的路子？那时我才明白我从史禄国那里学来的这些东西，着重人的生物基础和社会结构的整体论和系统论，原来就是马氏的功能论的组成部分。我当时只觉得马氏所讲的人类学是我熟悉的道理。我们相见以前，已有了共同的语言。

回到我第一节里提出对社会的两种看法，我在这个阶段还没有作出明确的选择。原因也许在我当时并没有意识到除了第一种看法之外，还有第二种看法，和两种不同看法的区别。这表明我在理论上不够敏感，也就是功底不深。

我对史、马两位老师理论上的特点直到现在也不敢说已经了然。我听说史禄国后来看到了我那本《江村经济》时曾经表示过不满意的评论。我模糊地感觉到在他的理论框框里,我这本书是找不到重要地位的。但由于我没有吃透他的理论,我还不敢说哪些方面引起了他不满意的反应。

对马氏的理论我多少有一些捉摸。按他已经写出来的有关文化功能的理论,按我所理解的程度来说,基本是属于我上述的第一种看法。马氏的功能论的出发点是包括社会结构在内的,文化体系都属于人用来满足其基本生物需要及由生物需要派生的各种需要的手段。这一点他一直坚持的,同时他也承认文化的整体性,就是说人类的满足其需要而创造出的文化是完整的。说是完整就是完备而整体。它必须满足人作为生物体所有全部需要,本身形成一个整体,其各部分是相互联系和配合的一个体系。简单说是整体论和系统论。

他提出这一套理论是有其历史背景的,他是个人类学中主张实地调查的先行者。他长时间地住在 Trobriand 岛的土人中间,学会土语,直接参与土人的集体生活,他深深觉得要理解一个群体的生活必须从整体上去观察他们怎样分工合作,通过有系统的活动来维持他们的生活,也就是满足他们的需要,而人的一切需求都是从人作为一个生物体而

发生的。食色性也，是从人是动物的这个属性上带来的。从
这个基本的生物需要出发，逐次发生高层次的需要，如维持
分工合作体系的社会性的需要等等。他用这个理论来批判
当时在人类学界盛行的文化传播论、历史重构论等等，因为
这些理论都是把文化要素孤立起来，脱离了人而独立处理
的。比如当时就有些学者把图腾信仰脱离它所发生的具体
群体而研究其起源、流动和在人类整个历史发展中的地位
等等。他以当时盛行在欧洲的人类学作为靶子，针锋相对地
提出功能论、整体论和系统论。这在人类学学科史上是一次
革命性的行动，使人类学的研究回归到科学的行列。

三

马氏自己称他的人类学理论是功能学派。他的所谓功
能，就是文化是人为了满足其需要而产生的，所以都是有用
的手段，文化中各个要素，从器物和信仰对人的生活来说都
是有功能的，功能就是满足需要的能力，简单说就是有用
的。功能这一词是英文 function 的译文。这词在英文中原有
两个意义：一是普通指达到目的所起的作用；二是在数学里
的函数，如果说甲是乙的函数，甲变乙也随着要变。马氏称
自己是功能学派实际上是一语两义都兼有的。但在叙述他
的理论时却常强调第一个意义，比如他在论巫术时就强调

146

它在支持实际农作活动的节奏和权威的作用，用以批判过去认为巫术是未开化的人思想上缺乏理性的表现，是一种前科学或假科学思想的产物。19世纪在欧洲人类学充满着当时通行的民族优越感，把殖民地上的土人看成是未开化的野蛮人，把土人的生活方式看作是一堆不合理的行为。功能论是针对这种思想的批判，但是这种理论走到极端，认为文化中一切要素都是有用的，又会给人以存在就是合理的印象。这个命题在哲学上常受到批判，在常识上也和社会的传统中颇多对人无益而有害的事实不能协调。至于把满足生物需要作为功能的基本标准更是不易为普通人所接受。因之当马氏的功能论在人类学中盛极一时之际，就有不同的看法出现。而且就出现在也自称是功能学派的阵营里。最突出的是曾到过燕京大学讲学的 Radcliffe-Brown。

布朗也是主张实地调查而且主张文化整体论和系统论的人类学者。但是他认为功能的意义不必挂在有用无用的鉴别上，更不应当和生物需要挂钩，他把功能意义作数学中的函数来讲，也就是把功能的含义去掉了马氏所强调的一半。当时我们这些年轻的学生，经常把他们两个看成是在唱对台戏的主角。对我这个对理论缺乏敏感的人来说，在这场争论中除了看热闹之外，并没有认真思考加以辨别，而实际上却被这个争论带进了这在本文开始时所述对社会的两种看法的迷阵里。当我接触了功能派的先锋法国涂尔干的著作之后，对第二种看法发生了兴趣。他比较明确地把社会看成本身是有其自身存在的实体，和生物界的人体脱了钩。

我在医预科和在体质人类学课上受到的基础训练和社会文化和生物挂钩原是比较顺理成章容易接受的。但是我对社会的看法却被马、布的争论所动摇了，特别是联系到在瑶山和在开弦弓的实地调查的经历，使我逐渐倒向布氏的一面。我在初步进入社区的实地调查中所得到的感受值得在这里回忆一下。

当我踏入一个社区时，我接触到的是一群不相识的人。我直接看到的是各个人在不同场合的行动举止。在这一片似乎纷乱杂呈的场面里，我怎样才能从中理出个理解的头绪呢？这时我就想到了社会行为是发生在社会所规定的各种社会角色之间，不是无序的而是有序的。如果我从这个角度去看在我面前展开的各个人的活动，就有了一个井然的秩序。不论哪一家，我们如果用父母、子女、亲戚、邻居等社会角色去观察这些似乎是杂乱的个人行为，就可以看到在不同人身上出现重复的行为模式，比如不论哪一家，母亲对儿子之间相互的行为都是类似的，成为一种模式，而这套行为模式却不同于妻子对丈夫，甚至不完全相同于母亲对女儿之间的相互行为。我在实地调查中才理解到一个社区中众人初看时似乎是纷杂的活动，事实上都按着一套相关的各种社会角色的行为模式而行动的。再看各种社会角色又是相互配合，关关节节构成一个网络般的结构。从这个结构去看这社区众人的行为就会觉得有条有理，一点不乱。而且这个有条有理的结构并不是当时当地的众人临时规定的，而是先于这些人的存在，就是说这些人从小在生活中向一个已存在的社会结构里逐步学习来的。这就是个人社会化的过程。这个结构里规定的各种角色间的相互行为模式也是个人在社会中生活时不能超出的规范，一旦越出就有人出来干涉，甚至加以制裁。也因之在一个外来的调查者所能看到经常都是些按照社会模式而行为的行为，有时也可以见到一些正在或将会受到制裁的超规行为。作为一个人类学者在实地调查时，通常所观察到的就是这些有规定的各种社会角色的行为模式。至于角色背后的个人的内在活动对一般的人类学者来说就是很难接触到的。

我的社区调查不论在瑶山或在江村，现在回头来看，都是不够深入的，还是满足于社会角色的行为模式，因而影响了我对社会的看法，把它看成了自成格局的实体，表达得最清楚是我根据讲课内容编出的《生育制度》。

　　我本人的具体经历也影响了我学术观点的形成。所以在这里得补充几句。我是 1938 年离开伦敦的。那时,我国的抗日战争已进行了一年,我的家乡已经沦陷,原在沿海的各大学都已迁入内地。所以我只能取道越南回国,到达昆明,在当时的云南大学和由清华、北大、南开联合的西南联大工作。实际上,我到了云南,立即继续我的社会调查;接着以罗氏基金对燕京大学的社会学系的资助在云南大学成立了一个社会学研究中心,为了避免轰炸,设立在昆明附近呈贡的魁星阁,而普通就称魁阁。从这时起,我的学术环境是相当偏僻和孤立的,除了少数原来的师友外,和外地及国外的社会学界几乎隔绝。不仅我们在当时和自己这个小圈子之外的思想很少接触,而且没有搜集和储藏过去社会学书籍和资料的图书馆,我们对国内外过去的社会学遗产也得不到运用。这种缺乏消息交流对学术思想的发展确是一个很大的限制。现在回想起来,就能看到这种特殊环境的确对我自己学术思想有很大的影响。影响之深不仅是当时孤陋寡闻,而且造成了自力更生,独树一帜,一切靠自己来的心理,一直发展成为我后来不善于接受新的社会学流派的习惯。

　　1943 年我虽则有由美国国务院的邀请参加了当时所谓"十教授访美讲学"的机会在美国住了一年,但是我却利用这时期,忙着编写魁阁的调查成果。在美国几个大学的同行协助下写出了 *Earthbound China* 和 *China Enters the Machine Age* 两书。说实话我并没有用心去吸收当时国外人类学和社会学的新思潮。比如我在哥伦比亚见过 Linton,在芝加哥见到 Redfield,在哈佛商学院见 Elton Mayo,我也在编写上述两书时都得到了他们的关切和具体协助,但是我对他们的著作却没有深入的钻研。除了我回国后翻译过 Mayo 的一本著作外,对其他几位老师的著作并未认真阅读。至多是吸收了一些皮毛,为我已在胸中长成的竹子添些枝叶。

我在老朋友面前无需掩饰,从 40 年代后期起,直到 70 年代结束前一年,我在国际的社会学圈子里除了两次简短的接触之外是个遗世独立的人物。

四

回顾我在昆明这一时期,我们在魁阁的研究工作是按照了《江村经济》所走出的这条路前进的。这条路我们称之为社区研究。社区这个名词是我这一代学生时代所新创的。其由来是 1933 年燕京大学社会学的毕业班为了纪念派克教授来华讲学要出一本纪念文集,我记得其中有一篇是派克自己写的文章需要翻译,其中有一句话"Community is not

Society"，这把我们卡住了。原来这两个名词都翻成"社会"的，如果直译成"社会不是社会"就不成话了。这样逼着我们去澄清派克词汇里两者的不同涵义。依我们当时的理解，社区是具体的，在一个地区上形成的群体，而社会是指这个群体中人与人相互配合的行为关系，所以挖空心思把社字和区字相结合起来成了"社区"。

社区这个概念一搞清楚，我们研究的对象也就明确了，就是生活在一个地区的一群人的社会关系，社区可大可小，一个学校，一个村子，一个城市，甚至一个民族，一个国家，以至可以是团结在一个地球上的整个人类。只要其中的人都由社会关系结合起来，都是一个社区。有了这个概念我们实地观察的对象也有了一定范围。我当时就提出可以在瑶山进行民族集团的社区研究，也可以在各地农村里进行社区研究；在 1933 年这种社区研究就在燕京大学学生里流行了起来。我到了昆明还是继续走这条路子。

还应当提到的是魁阁研究工作标榜的特点是比较方法和理论与实际结合。在接受派克社区研究的概念和方法的，同也接受了是由吴文藻先生为首提出的社会学中国化的努力方向。燕京大学的学生就是想通过社区研究达到社会学的中国化。社会学中国化其实就是社会学的主要任务，目的是在讲清楚中国社会是个什么样的一个社会。通过社区研究能不能达到这个目的呢？当然我们要说明中国社会是个什么样的社会，科学的方法只有实地观察，那就是社区调查。但是有人就质问我们，我们的社会研究如是一个具体的社区，那也只能是中国的一部分，你们能把全国所有的农村城市都观察到么？社区研究只能了解局部的情况，汪洋大海里的一滴水，怎能不落入以偏概全的弊病呢？我们对此提出了比较方法和理论与实际结合的对策。我在这里不能详细加以说明，好在我前年在东京的一个讨论会上发表的《人的研究在中国》的发言中已经答复了这个问题，这里不再重复了。

这里我想说的是社区研究的理论基础是直接和 1936年到燕京大学讲学的布朗有关的。他在美国芝加哥大学开讲的人类学课程，就称作为比较社会学。社区研究接纳了布朗对社会的系统论和整体论的看法。我想只有从每个社区根据它特有的具体条件而形成的社会结构出发，不同社区才能相互比较。在互相比较中才能看出同类社区的差别，而从各社区具体条件去找出差别的原因，进一步才能看到社区发展和变动的规律，进入理论的领域。

魁阁的社区研究从1938 年到1946 年，一共只有 8 年，而且后来的 3 年由于教课任务的加重和政局的紧张，我自己的实地调查已经无法进行。所以魁阁的工作只能说是社区研究的试验阶段。这种工作一直到 80 年代才得以继续。

魁阁时期的社区研究基本上是瑶山和江村调查的继续。如果把这两期比照来看，这一期除了继承整体性和系统性之外，加强了比较研究同理论挂钩的尝试。先说比较研究。如果要从我本人的经历中寻找比较研究的根源，还应当推溯于我在清华研究院里补读比较解剖学和跟史禄国学习的人体类型分析。我们既然已在由内地看到了和沿海不同农村在社会结构上存在着差异，我们更有意识地在昆明滇池周围寻找条件不同的农村进行研究，用以求证我们认为凡是受到城市影响的程度不同的农村会发生不同的社会结构的设想。这种方法上的尝试，我在 *Earthbound China* 一书的最后一章里作了系统的申说。这不能不说是魁阁的《云南三村》比起瑶山和江村的研究在方法及理论上提高了一步。

比较研究的尝试在另一方面更使我偏向于本文开始时提出的对社会的第二种看法，就是把社会作为一个本身具有其发展的过程的实体，这种思路难免导致"见社会不见人"的倾向，也进一步脱离马氏的以生物需要为出发点的功能论,而靠近了布朗的重视社会结构的功能论了。

五

魁阁后期,由于兼任云大和联大两校的教授以及当时政治局势的紧张,我不便直接参预实地调查,所以更多时间从事讲课和写作。也可以提到,当时直线上升的通货膨胀使个人的实际收入不断下降,而我又在1940年成了一个孩子的父亲。我们在呈贡的农村里赁屋而居,楼底下就是猪圈,生活十分艰苦。因之,我不能不在固定的薪金之外,另谋收入。我这个书生能找到的生活补贴,只有靠我以写作来换取稿费。我在当时竟成了一个著名的多产作家。大后方的各大报纸杂志上经常发表我的文章,我几乎每天都要写,现货现卖,所得稿费要占我收入之半。写作的内容,不拘一格,主要是我课堂上的讲稿和对时事的评论,以及出国访问的杂记。这段时间里所发表的文章后来编成小册子发行,其中比较畅销的有《初访美国》《美国人性格》《重访英伦》《内地农村》《乡土中国》《乡土重建》《生育制度》《民主·人权·宪法》等。

这许多为了补贴生活而写下的文章,其实更直接地暴露了我的思想,而我的思想也密切和我的学术思路相联系的。现在回头翻阅一看,其中很明显地贯穿着我在上面所说的向社会实体的倾斜。我的三本访外杂写,实际上是把英美的社会分别作为各具个性的实体所谓民族性格来描述的。尽管其中我常用具体看到的人和事作为资料,我心目中一直在和中国社会作比较。比如我把住处经常迁移的美国城市居民和中国传统的市镇和乡村的居民相比较而以"没有鬼的世界"来表明美国社会的特点。文内尽管有人有事,而实际是把它们作文化的载体来处理的。

我在美国时特别欣赏 R.Benedict[①]的《文化模式》和 M.Mead[②]的《美国人性格》,我根据 Mead 这本书,用我自己的语言和所见的事实写出了《美国人性格》一系列文章,并编成一册。这里所说的社会性格都是超于个人而存在和塑形个人的社会模式。这不是把社会看成了超人的实体的思路么?我又写出了《乡土中国》一系列文章,也许可以说和《美国人性格》是姐妹篇,现在看来,这种涂尔干式的社会观已成了我这一段时间的主要学术倾向。

---

① 鲁恩·本尼迪克特(Ruth Benedict, 1887—1948),美国当代著名文化人类学家、民族学家、诗人,主要著作有《文化模式》和《菊与刀》等。

② 玛格丽特·米德(Margaret Mead, 1901—1978),美国著名人类学家、心理学家,文化心理学派的代表人物之一,其对太平洋无文字民族的研究工作作出了突出贡献,尤其是在心理学和文化如性行为的文化制约、天性以及文化变化等方面的研究。

上面已提到这种倾向在理论上表白得最清楚的是在1936年完成的那一系列《生育制度》文章。我明确地否定家庭、婚姻、亲属等生育制度是人们用来满足生物基础上性的需要的社会手段。相反,社会通过这些制度来限制人们满足生物需要的方式。这些制度是起着社会新陈代谢的作用,甚至可以说,为了解决生物界中人的生命有生有死的特点和社会实体自身具有长期绵续、积累和发展的必要所发生的矛盾,而发生社会制度的。我说如果从以满足两性结合的生物需要作为出发点,其发展顺序应当是说由于要满足两性结合的需要而结婚生孩子,接着不得不抚育孩子而构成家庭,又由子孙增殖而形成亲戚,这种一环扣一环可说是"将错就错"形成的社会结构。如果反过来看由于社会需要维持其结构的完整以完成其维持群体的生存的作用,必须解决其内部成员的新陈代谢的问题,而规定下产生、抚养新成员办法,而形成了"生育制度"。这个制度并不是用来使个人满足其生物上性的需要,而是因婚姻和家庭等规定的制度来确定夫妻、亲子及亲属的社会角色,使人人得以按部就班地过日子。这两种对"生育制度"不同的理解正好说明功能派里两派的区别。

我这本《生育制度》是在1946年和潘光旦先生一起住在乡间时完成的,他最先看到我的稿纸,而且看出了我这个社会学的思路，和他所主张的优生强种的生物观点格格不入。当我请他写序时，他下笔千言，写了一篇《派与汇》的长文，认为我这本书固然不失一家之言，但忽视了生物个人对社会文化的作用，所以偏而不全，未能允执其中。

他从社会学理论发展上提出了新人文思想，把生物人和社会结合了起来，回到人是本位文化是手段的根本观点。这种观点我们当时并没有融会贯通。而且我们在当时的处境中并没有条件和心情展开学术上的理论辩论。我把全书连着这篇长序交给商务印书馆出版后，自己就去伦敦访问。1947年回国，我和潘先生虽则同住一院，但却无心继续在这个社会学的根本观点上进一步切磋琢磨，这场辩论并没有展开，一直被搁置在一旁，经过了近半个世纪，潘先生已归道山，我在年过80时才重新拾起这个似乎已尘灰堆积的思绪，触起了我的重新思考，这已是90年代的事了，留在下面再说。我这本《生育制度》实际上结束了我学术历程的前半生。

1947年在英国访问以及回国之后到1949年北京解放，这段期间从我写作上说我曾称之为"丰收期"，北京的《中建》周刊，上海的《观察》周刊和《大公报》经常有我的文章，但我所写的主要是时事评论，其中固然表达我对社会的基本观点,而且通过《观察》及三联书店出版了我在抗战时期所发表的文章的集子,一时流传很广,成了当时的一个多产作家,但是回头来看,这段时间,在学术思想上并没有什么新的发展。

六

如果限于狭义的学术经历来说,我觉得可以用《生育制度》一书来作为我前半生学术经历的结束。从 1930 年进入社会学园地时算起到 1949 年解放,一共是大约 20 年。接下去的 30 年是一段很不寻常的经历,包括解放、反右和"文革"的中国大变革时期。这一段时期里我的思想情况在 *Current Anthropology* 杂志发表的 1988 年 10 月我和 Paster-nak(巴博德)教授的谈话记录中有比较直率的叙述,这里不用重复了。但是联系上面所提出有关对社会性质的根本问题时,我觉得有一些补充,说一说我近来才有的一点新的体会,足以说明我后半生学术思路的若干变化的由来。我越来越觉得一个人的思想总是离不开他本人的切身经历。我从解放后所逢到的我称之为不寻常的经历,必然会反映在我其后的学术思想上,以至于立身处世的现实生活上。我如果完全把这段时间作为学术经历中的空白是不够认真的。

在比较这一生中前后两个时期对社会本质的看法时，发现有一段经历给我深刻的影响。我在前半生尽管主张实地调查，主张理论联系实际，但在我具体的社区调查中我始终是以一个调查者的身份去观察别人的生活。换一句话说，我是以局外人的立场去观察一个处在生活中的对象。我自身有自己的社会生活，我按着我自己社会里所处的角色进行分内的活动。我知道我所作所为是在我自己社会所规定的行为模式之内的，我不需犹豫，内心不存在矛盾，我所得到别人对我的反应也是符合我的意料的。这就是说我在一个共同的社会结构中活动。尽管这个社会结构也在变动中，这种变动是逐步的，而且是通过主动能适应的变动。我并不觉得自己和社会是对立物。

但是在解放之后的一段时间里，我自己所处的社会结构发生了革命性的变动，也就是说构成这个结构的各种制度起了巨大变动，在各个制度里规定各个社会角色的行为模式也发生了巨大变动。表演得最激烈的例子发生在"文化大革命"的高潮中。作为一个教授的社会角色可以被他的学生勒令扫街、清厕和游街、批斗。这种有着社会权力支持的行为模式和"文化大革命"前的教授角色的行为规范是完全相悖的。当然"文化大革命"这种方式的革命是很不寻常的，但是在这不寻常的情景中，社会的本来面目充分显示出来。

我觉得置身于一个目的在有如显示社会本质和力量的实验室里。在这个实验室里我既是实验的材料,就是在我身上进行这项实验;同时,因为我是个社会学者,所以也成了观察这实验过程和效果的人。在这个实验里我亲自感觉到涂尔干所说"集体表象"的威力,他所说的集体表象,就是那"一加一大于二"的加和大的内容,也就是我们通常说的社会的本质这个实验证实了那个超于个人的社会实体的存在。

但就在同时我也亲自感觉到有一个对抗着这个实体的"个人"的存在。这个"个人"固然外表上按着社会指定他的行为模式行动,扫街、清厕、游街、批斗,但是还出现了一个行为上看不见的而具有思想和感情的"自我"。这个自我的思想和感情可以完全不接受甚至反抗所规定的行为模式,并作出各种十分复杂的行动上的反应,从表面顺服,直到坚决拒绝,即自杀了事。这样我看见了个人背后出现的一个看不见的"自我"。这个和"集体表象"所对立的"自我感觉"看来也是个实体,因为不仅它已不是"社会的载体",而且可以是"社会的对立体"。这个实验使我看到了世界是可以发生不寻常的社会结构革命性的变动。这种变动可以发生在极短的时间里,但它极为根本地改变了社会结构里各制度中社会角色的行为模式。为期十年的"文化大革命"在人类历史上是一次少见的"实验",一次震度极强烈的社会变动。我的学力还不够作更深入的体会和分析，但是我确是切身领会到超生物的社会实体的巨大能量，同时也更赤裸裸地看到个人生物本性的顽强表现。

从这次大震动中恢复过来，我初步体会是做个社会里的成员必须清醒地自觉地看到社会结构的不断变化，尽管有时较慢较微，有时较快和较为激烈。处在社会结构中的个人，应当承认有其主动性。个人的行为既要能符合社会身份一时的要求，还得善于适应演变的形势。学术工作也是个人的社会行为，既不能摆脱社会所容许的条件，也还要适应社会演进的规律，这样才能决定自己在一定历史时期里应当怎样进行自己的学术工作。这种自觉可说是既承认个人跳不出社会的掌握，而同时社会的演进也依靠着社会中个人所发生的能动性和主观作用。这是社会和个人的辩证关系，个人既是载体也是实体。

这点理论上的感受，虽则一直潜伏在我的思想里，在我"文化大革命"后的公开讲话中也有所表达，但是还不能说已充分落实在后半生的学术工作中。"见社会不见人"还是我长期以来所做的社区研究的主要缺点。

七

下半生的学术生涯,可以说从 1978 年开始,直到目前一共有 15 年。刚从"不寻常"的经历中苏醒过来时,我就想既然得到了继续学术研究的机会,就该把 30 年丢下的线头接下去,继续从事社区研究,而且这时我对社区研究本身的功能有了一些更明确的看法,正如我在和巴博德教授谈话中所说的,我们做的研究实际上是发挥人特有的自觉能力,成为自然演化的一种动力。人类社会是不断发展的,表现为生产力的不断增长。我们就得有意识地把中国社会潜在的生产力开发出来,提高人民的生活水平。这个进化观点我是早就接受了的。解放之后我又接受了当时的马列主义学习,认识到生产力是社会发展的基本推动力。这种思想和我早日翻译的奥格朋的《社会变迁》中强调科技的发展也正相合。我的《江村经济》调查就是接受了我姐姐改革蚕丝生产技术的启发而进行的。所以我在 80 岁生日那天以"志在富民"四字来答复朋友们要求我总结我过去 80 年所作所为的中心思想。"志在富民"落实到学术工作上就是从事应用科学,所以我把调查看作应用社会学。这一个思路,我有机会于 1980 年 2 月在美国丹佛接受应用人类学会授予我马林诺夫斯基奖的大会上发表的《迈向人民的人类学》讲话时,得到公开发表的机会。

1981年我又接到英国皇家人类学会授予我赫胥黎奖的通知,并由我的老师Firth的建议,要我在会上介绍江村在解放后的变化,为此我特地三访江村进行一次简短的调查。就是这次调查引起了我对当时正在发生的乡镇企业和小城镇的研究兴趣。从那时起我就抓住这个题目不放,组织了一个研究队伍,跟着农村经济发展的势头,从江村一个村,扩大到吴江县的七个镇。然后一年一步从县到市,从市到省,从一个省到全国大部分的省;从沿海到内地,从内地到边区。不断进行实地观察,直到现在已经有10年多了。我每去一地调查常常就写一篇文章,记下我的体会。10年来已积了近40篇,其中大部分已收集在今年出版的《行行重行行》一书中。这一系列文章还在继续写下去,可说是我下半生的主要学术方向。

这一系列文章在理论上说是以《江村经济》为基础的。把社区的经济发展看成是社区整体发展中的一主要方面,并和其人文地理及历史条件密切联系起来,进行分析。我看到在不同条件下社区发展所走的路子不同,于是我又应用比较观点分出不同模式,并提出"多种模式,城乡结合,随机应变,不失时机"的发展方针。更从城乡结合的基础上升到经济区域的概念，逐步看到整个中国发展过程中形成的位区格局。这种社区研究是以农民自己创造的社会结构为出发点，分析这种结构形成的过程，它所具有的特点，并看出其发展的前景。这是实事求是的看法，而其目的是在使各地农民可以根据自身所处的条件，吸取别地方的经验，来推动自身的发展。所以可以说这种社区研究是应用社会学，一门为人民服务的社会科学。

回顾我这十年的研究成果总起来看还是没有摆脱"见社会不见人"的缺点。我着眼于发展的模式，但没有充分注意具体的人在发展中是怎样思想，怎样感觉，怎样打算。我虽然看到现在的农民饱食暖衣，居处宽敞，生活舒适了。我也用了他们收入的增长来表示他们生活变化的速度。但是他们的思想和感情，忧虑和满足，追求和希望都没有说清楚。原因是我的注意力还是在社会变化而忽视了相应的人的变化。

翻阅我这段时间里所发表关于社会学的言论时，我看到这思想确是已经改变了一些原来对个人和社会关系的看法，我不再像在《生育制度》中那样强调社会是实体、个人是载体的论调，而多少已接受了潘光旦先生的批评，认识到社会和人是辩证统一体中的两面，在活动的机制里互相起作用的。这种理论见于我在 1980 年所讲的《社会学和企业管理》及《与精神病医生谈社会学》里。

《社会学和企业管理》是我在第一机械工业部的讲话，在这讲话里我提到了 1944 年我在哈佛商学院遇见的埃尔顿·梅岳教授 Elton Mayo[①]，他曾在芝加哥的霍桑工厂里研究怎样提高劳动生产率的问题，做了一系列实验。起初他采取改变各种工作条件，如厂内的光线，休息的时间等，来测验工作效率是否有相应的提高，结果确是上升了。但梅岳认为并没有解决提高工作效率的关键问题。他接着再做实验倒过来——取消了这些客观条件的改变，出乎大家意料之外，工作效率却依然上升。他从中得到了一个重大的发现，原来不是客观条件的改变促使了工作效率的上升，而是他的实验本身起了作用。因为工人参与了这个实验，自己觉得在进行一项有意义的科学工作，从而发现了自己不仅是一个普通拿工资干活的机器，而是一个能创造科学价值的实验者了。这个转变提高了他们的积极性。梅岳在这里发现了普通

---

① 今多译为乔治·埃尔顿·梅奥（George Elton Mayo, 1880—1949），美国著名心理学家、社会学家。他参与了著名的霍桑实验，主要著作有《工业文明中人的问题》。

"工人身份"后面潜伏着一种"人的因素",这个因素是工作效率的泉源,梅岳的"人的发现"改变了美国的工厂管理。联系我们所关心的问题来说,他是使社会身份,即社会规定的行为模式,背后这个一直被认为"载体"的个人活了起来了。使行为模式变成人的积极行为的是潜伏在社会身份背后的个人。其实我们在舞台上评论演员时,总是看他是否进入了角色。进入了角色就发挥出演员的积极性,演好了戏,演唱的好坏还是决定于演员本人。明白这一点,个人和社会的关系也就明白了。

上面提到的第二篇讲话是我在北京医学心理学讲习班上的讲话。我最初的题目是"神兽之问",意思是说人既是动物而又已经不是动物,人想当神仙,而又当不成神仙,是个两是两不的统一体。社会总是要求"满街都是圣人",把一套行为规范来套住人的行为,可是事实上没有一个人是甘心情愿当圣人的,即便是我们的至圣先师孔老夫子也是到了快死的 70 岁时方才做到"从心所欲不逾矩"。但是人又不能不在社会结构里得到生活,不能不接受这个紧箍咒,小心翼翼,意马心猿地做人,所以我用了 Freud① 所说的三层结构

---

① 西格蒙德·弗洛伊德（Sigmund Freud, 1856—1939），奥地利精神分析学家，精神分析学的创始人。主要著作有《梦的解析》《精神分析引论》等。

来说明人的心理构成：一是 id(生物性的冲动)，二是 ego(自己)，三是 super-ego(超己)。id 就是兽性，ego 是个两面派，即一面要克己复礼地做个社会所能接受的人，一面又是满身难受地想越狱当逃犯。super-ego 就是顶在头上，不得不服从的社会规定的身份。我当时指出神兽之间发生的形形色色的矛盾正是(精神病)医生要对付的园地，神兽之间有其难于调适的一面，但是普通的人并不都是要挂号去请教精神病医生的。那就是说神兽之间可以找到一个心安理得做人的办法的。于是我得回到潘光旦先生给我的《生育制度》写的序言里所提出的中和位育的新人文思想。

新人文思想依我的理解就是一面要承认社会是实体。它是个人在群体中分工合作才能生活的结果，既要分工就不能没有各自的岗位，分工之后必须合作，岗位之间就不能不互相配合，不能没有共同遵守的行为规则。有了规则就得有个力量来维持这些规则。社会是群体中分工合作体系的总称，也是代表群体维持这分工合作体系的力量。这个体系是持续的超过于个人寿命的，所以有超出个人的存在、发展和兴衰。社会之成为实体是不可否认的。但是社会的目的还是在使个人能得到生活，就是满足他不断增长的物质及精神的需要。而且分工合作体系是依靠个人的行为而发生效用的，能行为的个人是个有主观能动性的动物，他知道需要什么,希望什么,也知道需要是否得到了满足,还有什么期望。满足了才积极,不满足就是消极。所以他是活的载体,是可以发生主观作用的实体。社会和个人是相互配合的永远不能分离的实体。这种把人和社会结成一个辩证的统一体的看法也许正是潘光旦先生所说的新人文思想。

我回顾一生的学研思想,迂回曲折,而进入了现在的认识,这种认识使我最近强调社区研究必须提高一步,不仅需看到社会结构,而且还要看到人,也就是我指出的心态的研究。而且我有一种想法,在我们中国世世代代这么多的人群居住在这块土地上,经历了这样长的历史,在人和人中和位育的故训的指导下应当有丰富的经验。这些经验不仅保留在前人留下的文书中,而且应当还保存在当前人的相处的现实生活中。怎样发掘出来,用现代的语言表达出来,可能是今后我们社会学者应尽的责任。对这个变动越来越大,全世界已没有人再能划地自守的时代里,这些也许正是当今人类迫切需要的知识。如果天假以年,我自当努力参与这项学术工作,但是看来主要还是有待于后来的青年了。愿我这涓滴乡土水,汇归大海洋。

(原载《北京大学学报》1994 年第 1 期)

作者：费孝通 1910~2005

著名社会学家、人类学家、民族学家、社会活动家。

1981年，荣获英国皇家人类学会颁发的赫胥黎奖章；1988年，获联合国大英百科全书奖。

主要作品：

《江村经济》《禄村农田》《民族与社会》《行行重行行》等。

作品简介：

《乡土中国》是当代社会学家费孝通创作的社会学著作，首次出版于1948年。全书由14篇文章组成。作者用通俗、简洁的语言对中国的基层社会的主要特征进行了概述和分析。全面展现了中国基层社会的面貌，是学界公认的中国乡土社会传统文化和社会结构理论研究的重要代表作之一。

本书收集的是费孝通在西南联大和云南大学所讲"乡村社会学"课程内容，尝试回答了"作为中国基层社会的乡土社会是个什么样的社会"，并使用社会结构分析方法解剖中国社会，独创"差序格局"的概念，并被国际社会学界所接受。

经典名句：

　　我并不认为教师的任务是在传授已有的知识，这些学生们自己可以从书本上去学习，而主要是在引导学生敢于向未知的领域进军。作为教师的人就得带个头。至于攻关的结果是否获得了可靠的知识，那是另一个问题。

　　这里讲的乡土中国，并不是具体的中国社会的素描，而是包含在具体的中国基层传统社会里的一种特具的体系，支配着社会生活的各个方面。它并不排斥其他体系同样影响着中国的社会，那些影响同样可以在中国的基层社会里发生作用。

乡土本色 XIANG TU BEN SE ·············

从基层上看去，中国社会是乡土性的。

乡土社会在地方性的限制下成了生于斯、死于斯、终老是乡的常态。

农业和游牧或工业的不同：

游牧：逐水草而居，飘忽无定；

工业：择地而居，迁移无碍；

农业：搬不动土地，不流动。（世代定居是常态，迁移是变态。）（并不是说人口绝对固定，人口增加到饱和就会宣泄出外。）

中国农民聚村而居的原因：

❶ 每家耕地面积小，小农经营；

❷ 需要水利的地方有合作需要；

❸ 为了安全，人多容易保卫；

❹ 土地平等继承，人口积累。

"乡土性"有三方面特点：

❶ 乡下人离不了泥土。以种地谋生，最明白泥土的可贵；

❷ 不流动性。人口因土地而固定，安土重迁，各自保持孤立与隔膜（孤立和隔膜并不以个人为单位，而是以住在一处的集团为单位）；

❸ 熟人社会。因此有了"从心所欲不逾矩"的自由。

174

在社会学里，我们常分出两种不同性质的社会：

①礼俗社会：没有具体目的，只是因为在一起生长而发生的社会——有机团结；

②法理社会：为了要完成一件任务而结合的社会——机械团结。

乡土社会的信用并不是对契约的重视，而是发生于对一种行为的规矩熟悉到不假思索时的可靠性。

心安——乡土社会中人和人相处的基本办法。

这种办法在一个陌生人面前是无法应用的。于是，"土气"成了骂人的词汇，"乡"也不再是衣锦荣归的去处了。

经典名句：

从基层上看去，中国社会是乡土性的。

在社会学里，我们常分出两种不同性质的社会：一种并没有具体目的，只有因为在一起生长而发生的社会；一种是为了要完成一件任务而结合的社会。用 Tonnies 的话说：前者是 *Gemeinschaft*，后者是 *Gesellschaft*；用 *Durkheim* 的话说：前者是"有机的团结"，后者是"机械的团结"。用我们自己的话说，前者是礼俗社会，后者是法理社会。

因为只有直接有赖于泥土的生活才会像植物一般地在一个地方生下根，这些生了根在一个小地方的人，才能在悠长的时间中，从容地去摸熟每个人的生活，像母亲对于她的儿女一般。

乡下人在城里人眼睛里是"愚"的。

❶不知如何应付汽车——是知识问题，不是智力问题＝城里人不认识苞谷，不会赶狗。

❷不识字——并不是智力差，无需文字——面对面社群（足声、声气、气味辨人）——不能说是"愚"的表现。

乡下孩子识字比不过教授的孩子，教授的孩子捉蚱蜢比不过乡下孩子。

教授们的孩子并不见得一定是遗传上有什么特别善于识字的能力，显而易见的却是有着易于识字的环境。

文字所能传的情、达的意是不完全的。

文字是间接的说话，而且是个不太完善的工具。

在"面对面社群"里，连语言本身都是不得已而采取的工具。

所以在乡土社会中，不但文字是多余的，连语言都不是传情达意的唯一象征体系。

结论

提倡文字下乡必须考虑到文字和语言的基础，否则开几个乡村学校和使乡下人多识几个字，也许并不能使乡下人"聪明"起来。

象征是附着意义的事物或动作，我说"附着"是因为"意义"是靠联想作用加上去的，并不是事物或动作本身具有的性质。这是社会的产物，因为只有在人和人需要配合行为的时候，个人才需要有所表达；而且表达的结果必须使对方明白所要表达的意义。所以象征是包括多数人共认的意义，也就是这一事物或动作会在多数人中引起相同的反应。

　　在一个社群所用的共同语言之外，也必然会因个人间的需要而发生许多少数人间的特殊语言，即所谓的"行话"。

　　"特殊语言"常是特别有效，因为它可以摆脱字句的固定意义。语言像是个社会定下的筛子，如果我们有一种情意和这筛子的格子不同也就漏不过去。

时间上的阻隔有两方面：

① 个人的今昔之隔；　　② 社会的世代之隔。

人的生活和其他动物所不同的，是在他富于学习的能力。行为方式并不固执地受着不学而能的生理反应所支配。

学的方法是"习"。习是指反复地做，靠时间中的磨炼，使一个人惯于一种新的做法。——打破个人今昔之隔——记忆（不但包括个人"过去"的投影，而且还是整个民族"过去"的投影）——最重要的是"词"（桥梁）——文化（依赖象征体系和个人的记忆而维持着社会共同经验）

词不一定要文。文是用眼睛可以看得到的符号，就是字。词不一定是刻出来或写出来的符号，也可以是用声音说出来的符号——语言。一切文化中不能没有"词"，可是不一定有"文字"。

人在记忆上发展的程度是依他们的生活需要而决定的。"记"带有在当前为了将来有用而加以认取的意思，"忆"是为了当前有关而回想到过去经验。

乡土社会中生活的人需要记忆的范围和生活在现代都市的人是不同的。

乡土社会是一个生活很安定的社会。——个别经验等于世代经验，无需不断累积，只需老是保存。在这种社会里，语言足够传递世代间的经验，哪里用得着文字？

中国如果是乡土社会，怎会有文字？

中国的文字并不是在基层上发生，最早的文字是庙堂性的。到现在还不是乡下人的东西。

乡下人并不是愚到字都不认识，而是没有用字来帮助他们在社会中生活的需要。只有中国社会乡土性的基层发生了变化，文字才能下乡。 **结论**

📖 **经典名句：**

所谓学就是在出生之后以一套人为的行为方式作模型，把本能的那一套方式加以改造的过程。学的方法是"习"。习是指反复地做，靠时间中的磨炼，使一个人惯于一种新的做法。

我们不断地在学习时说着话，把具体的情境抽象成一套能普遍应用的概念，概念必然是用词来表现的，于是我们靠着词，使我们从特殊走上普遍，在个别情境中搭下了桥梁；又使我们从当前走到今后，在片刻情境中搭下了桥梁。

文化是依赖象征体系和个人的记忆而维持着的社会共同经验。这样说来，每个人的"当前"，不但包括他个人"过去"的投影，而且还是整个民族的"过去"的投影。

中国乡下佬最大的毛病是"私"。不只乡下人，城里人也如此。——格兰亨姆的公律——坏钱驱逐好钱——公德心被自私心驱走。

"私"的问题是个群己、人我的界限怎样划法的问题。我们传统的划法和西洋的不同：

西洋：若干人组成一个个团体。团体是有一定界限的，谁是团体里的人，谁是团体外的人不能模糊，一定得分清楚。团体里的人是一伙，对于团体的关系是相同的，如果同一团体中有组别或等级的分别，也是事先规定的。——团体格局。

家庭在西洋是一种界限分明的团体——丈夫、妻子及未成年的孩子。

孩子成年住家里要交膳宿费，是因为大家承认团体的界限。这不是人情冷热的问题，而是权利问题。

乡土社会：像把一块石头丢在水面上所发生的一圈圈推出去的波纹。每个人都是他社会影响所推出去的圈子的中心。被圈子的波纹所推及的就发生联系。每个人在某一时间、地点所动用的圈子是不一定相同的。每一个网络有个"己"作为中心，各个网络的中心都不同。

无论是亲缘还是地缘关系都遵循这种同心圆波纹性质：

"家里的"：自己的太太一个人

"家门"：叔伯子侄 的统称

"自家人"：任何亲热的人，天下可成一家

"家国天下"

>>>> 亲缘——"家"伸缩自如

地缘——以自己的地位为中心划圈 <<<<

街坊（不是固定的团体，而是一个范围，范围的大小依中心的势力厚薄而定。所以中国人对世态炎凉特别有感触）

"伦"就是从自己推出去的和自己发生社会关系的那一群人里所发生的一轮轮波纹的差序。

在西洋社会，人们以团体为范围，行使权力，履行义务。

在乡土社会，群己、人我界限不分明，社会范围是一根根私人联系所构成的网络，所有社会道德也只在私人联系中发生意义。

归根到底这种差序是社会结构不同导致的。

经典名句：

我们的格局不是一捆一捆扎清楚的柴，而是好像把一块石头丢在水面上所发生的一圈圈推出去的波纹。每个人都是他社会影响所推出去的圈子的中心。被圈子的波纹所推及的就发生联系。每个人在某一时间某一地点所动用的圈子是不一定相同的。

我们儒家最考究的是人伦，伦是什么呢？我的解释就是从自己推出去的和自己发生社会关系的那一群人里所发生的一轮轮波纹的差序。

184

在差序格局中，社会关系是逐渐从一个一个人推出去的，是私人联系的增加，社会范围是一根根私人联系所构成的网络，因之，我们传统社会里所有的社会道德也只在私人联系中发生意义。

团体格局：

个人间的联系靠着一个共同的架子，先有了这架子，每个人结上这架子，而互相发生关联。

"公民"观念的前提是"国家"。

这种结构可能是从游牧经济的部落形态传承下来，人不可能单独零散地在山林中求生，"团体"是生活的前提。

差序格局：

在安居的乡土社会，每个人可以自食其力，对伙伴只是偶发需要，和别人发生关系是后起和次要的。在不同场合下结合程度不同。

道德观念：是在社会里生活的人自觉应当遵守社会行为规范的信念。它包括着行为规范、行为者的信念和社会的制裁。它的内容是人和人关系的行为规范，是依着该社会的格局而决定的。从社会观点说，道德是社会对个人行为的制裁力，使他们合于规定下的形式行事，用以维持该社会的生存和绵续。

团体格局：

道德的基本观念建筑在团体和个人的关系上。团体是个超于个人的"实在"，不是有形的东西。团体不能为任何个人所私有。

神——①每个人在神前平等；

②神对每个个人公道。

代理人——Minister（如果代理者违反"不证自明"的真理，就会失去代理资格。）

防止团队代理人滥用权力，发生了宪法。

差序格局：

在以自己作中心的社会关系网络中，"克己复礼"是道德体系的出发点。孝、悌、忠、信都是私人关系中的道德要素。

社会结构格局的差别引起了不同的道德观念。道德观念是在社会里生活的人自觉应当遵守社会行为规范的信念。它包括着行为规范、行为者的信念和社会的制裁。它的内容是人和人关系的行为规范，是依着该社会的格局而决定的。

在以自己作中心的社会关系网络中，最主要的自然是"克己复礼"，"壹是皆以修身为本"——这是差序格局中道德体系的出发点。

一个差序格局的社会，是由无数私人关系搭成的网络。这网络的每一个结都附着一种道德要素，因之，传统的道德里不另找出一个笼统性的道德观念来，所有的价值标准也不能超脱于差序的人伦而存在了。

家庭：亲子所构成的生育社群。亲子指它的结构，生育指它的功能。

这社群的结合是为了子女的生和育，但是生育功能是短期的。因此家庭这社群是暂时性的。开始时就得准备结束，抚育孩子的目的就在结束抚育。这社群赋有生育之外其他的功能。

学校和国家这些社群并不是暂时的，它们所具的功能是长期性的。

西方社会：

类型：家庭是团体性的社群。

结构：小家庭。

经营事务：很少，主要是生育儿女。

各成员间关系：夫妇是主轴，子女是团体中的配角，两性间的感情是凝合力量。

感情表达：在表面上流露。

中国乡土社会：

类型：家并没有严格的团体界限，可根据需要沿亲属差序向外扩大，不限于亲子。

结构：大家庭，扩大路线是单系的，只包括父系。——氏族。

经营事务：事业组织，赋有政治、经济、宗教等复杂功能。

各成员间关系：绵续性的。主轴是在父子之间，在婆媳之间，是纵的。夫妇成了配轴。

感情表达：都被事业的需要而排斥了普通的感情。有说有笑，有情有意是在同性和同龄的集团中。两性之间矜持和保留。

家族在结构上包括家庭；最小的家族也可以等于家庭。

经典名句：

　　我想在这里提出来讨论的是我们乡土社会中的基本社群，这社群普通被称为"大家庭"的。我在《江村经济》中把它称作"扩大了的家庭"（*Expanded family*）。

　　家庭这概念在人类学上有明确的界说：这是个亲子所构成的生育社群。亲子指它的结构，生育指它的功能。

中国的家是一个事业组织，家的大小是依着事业的大小而决定的。

在我们的乡土社会中，家的性质在这方面有着显著的差别。我们的家既是个绵续性的事业社群，它的主轴是在父子之间，在婆媳之间，是纵的，不是横的。

感情定向：文化所规定个人感情可以发展的方向。

感情：

ⓐ 心理学可以从机体的生理变化来说明感情的本质和种类。

ⓑ 社会学却从感情在人和人的关系上去看它所发生的作用。

稳定社会关系的力量，不是感情，而是了解。

西洋的两种文化模式：

阿波罗式的（乡土社会）认定宇宙的安排有一个完善的秩序，这个秩序超于人力的创造，人不过是去接受它，安于其位，维持它；但是人连维持它的力量都没有，天堂遗失了，黄金时代过去了。

浮士德式的（现代社会）把冲突看成存在的基础，生命是阻碍的克服；没有了阻碍，生命也就失去了意义。他们把前途看成无尽的创造过程，不断的变。

乡土社会的两性关系——男女有别：

认定男女间不必求同，在生活上加以隔离。这隔离非但是有形的，所谓男女授受不亲，而且还是在心理上的，男女只在行为上按着一定的规则经营分工合作的经济和生育的事业，他们不向对方希望心理上契洽。

男女的共同生活，愈向着深处发展，相异的程序也愈是深，求同的阻碍也愈是强大，用来克服这阻碍的创造力也更需强大。

经典名句：

我用"感情定向"一词来指一个人发展他感情的方向，而这方向却受着文化的规定，所以在分析一个文化范型时，我们应当注意这文化所规定个人感情可以发展的方向，简称作感情定向。

稳定社会关系的力量，不是感情，而是了解。所谓了解，是指接受着同一的意义体系。同样的刺激会引起同样的反应。

 乡土社会是靠亲密和长期的共同生活来配合各个人的相互行为，社会的联系是长成的，是熟习的，到某种程度使人感觉到是自动的。

礼治秩序 LI ZHI ZHI XU · · · · · · · · · · ·

"人治" ——乡土社会——"礼治" ——传统

"法治" （人依法而治） ——西洋社会——国家权力推行

礼治社会是并不能在变迁很快的时代中出现的，这是乡土社会的特色。

经典名句：

礼是社会公认合式的行为规范。合于礼的就是说这些行为是做得对的，对是合式的意思。

传统是社会所累积的经验。行为规范的目的是在配合人们的行为以完成社会的任务，社会的任务是在满足社会中各分子的生活需要。人们要满足需要必须相互合作，并且采取有效技术，向环境获取资源。这套方法并不是由每个人自行设计，或临时聚集了若干人加以规划的。人们有学习的能力，上一代所试验出来有效的结果，可以教给下一代。

乡土社会是安土重迁的，生于斯、长于斯、死于斯的社会。不但是人口流动很小，而且人们所取给资源的土地也很少变动。

乡土社会——"讼师"——挑拨是非

都市社会——大律师（法律顾问）

一个负责地方秩序的父母官，维持礼治秩序的理想手段是教化，而不是折狱。

所谓礼治就是对传统规则的服膺。维持礼俗的力量不在身外的权力，而是在身内的良心。注重修身，克己。

一个法官并不考虑道德问题、伦理观念，他并不在教化人。刑罚的用意已经不复"以儆效尤"，而是在保护个人的权利和社会的安全。

现行的司法制度在乡间发生了很特殊的副作用，它破坏了原有的礼治秩序，但并不能有效地建立起法治秩序。

结论

如果在社会结构和思想观念上不加以改革，单把法律和法庭推行下乡，结果法治秩序的好处未得，而破坏礼治秩序的弊病却已先发生了。

经典名句：

　　所谓礼治就是对传统规则的服膺。生活各方面，人和人的关系，都有着一定的规则。行为者对于这些规则从小就熟习，不问理由而认为是当然的。长期的教育已把外在的规则化成了内在的习惯。维持礼俗的力量不在身外的权力，而是在身内的良心。

　　法治秩序的建立不能单靠制定若干法律条文和设立若干法庭，重要的还得看人民怎样去应用这些设备。更进一步，在社会结构和思想观念上还得先有一番改革。如果在这些方面不加以改革，单把法律和法庭推行下乡，结果法治秩序的好处未得，而破坏礼治秩序的弊病却已先发生了。

权力

偏重在社会冲突的一方面——冲突过程的持续，是一种休战状态中的临时平衡。——压迫性的，是上下之别。——横暴权力

偏重在社会合作的一方面——从干涉别人一方面说是权利，从自己接受人家的干涉一方面说是义务。——基础是社会契约，是同意。——同意权力

权力之所以引诱人，最主要的应当是经济利益。

同意权力是分工体系的产物。

乡土社会里的权力结构虽则名义上是"专制""独裁"，实际是松弛和微弱的，是挂名的，是无为的。

　　从社会冲突一方面着眼的，权力表现在社会不同团体或阶层间主从的形态里。在上的是握有权力的，他们利用权力去支配在下的，发号施令，以他们的意志去驱使被支配者的行动。权力，依这种观点说，是冲突过程的持续，是一种休战状态中的临时平衡。

　　从社会合作一方面着眼的，却看到权力的另一性质。社会分工的结果使得每个人都不能"不求人"而生活。

　　权力之所以引诱人，最主要的应当是经济利益。在同意权力下，握有权力者并不是为了要保障自身特殊的利益，所以社会上必须用荣誉和高薪来延揽。至于横暴权力和经济利益的关系就更为密切了。统治者要用暴力来维持他们的地位不能是没有目的的，而所具的目的也很难想象不是经济的。

- **社会继替**：社会成员新陈代谢的过程。

教化性的权力虽则在亲子关系里表现得最明显，但并不限于亲子关系。

- **文化性**：凡是被社会不成问题地加以接受的规范。——文化的基础必须是同意的，但文化对于社会的新分子是强制的，是一种教化过程。

- **政治性**：当一个社会还没有共同接受一套规范，各种意见纷呈，求取临时解决办法的活动是政治。

"苛政猛于虎"的政是横暴性的。

"为政以德"的政是教化性的。

"为民父母"是爸爸式权力的意思。

长幼分划是中国亲属制度中最基本的原则，有时可以掩盖世代原则。长幼原则的重要也表示了教化权力的重要。

文化不稳定，传统的办法并不足以应付当前的问题时，教化权力必然跟着缩小，缩进亲子关系、师生关系，而且更限于很短的一个时间。

乡土社会的权力结构虽则有着不民主的横暴权力，也有着民主的同意权力，但是在这两者之外还有教化权力，后者既非民主又异于不民主的专制，是另有一工的。——长老统治

　　所谓社会契约必先假定个人的意志。个人对于这种契约虽则并没有自由解脱的权利，但是这种契约性的规律在形成的过程中，必须尊重各个人的自由意志，民主政治的形式就是综合个人意志和社会强制的结果。

　　文化和政治的区别就在这里：凡是被社会不成问题地加以接受的规范，是文化性的；当一个社会还没有共同接受一套规范，各种意见纷呈，求取临时解决办法的活动是政治。文化的基础必须是同意的，但文化对于社会的新分子是强制的，是一种教化过程。

　　教化权力的扩大到成人之间的关系必须得假定个稳定的文化。稳定的文化传统是有效的保证。

缺乏变动的文化里，长幼之间发生了社会的差次，年长的对年幼的具有强制的权力。——血缘社会的基础

血缘：人和人的权利和义务根据亲属关系来决定。亲属是由生育和婚姻所构成的关系。——身份社会的基础

血缘所决定的社会地位不容个人选择。世界上最用不上意志，同时在生活上又是影响最大的决定，就是谁是你的父母。

地缘：血缘的空间投影。是从商业里发展出来的社会关系。——契约社会的基础

亲密的血缘关系限制着若干社会活动，最主要的是冲突和竞争。

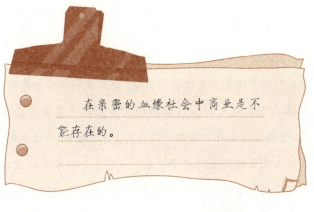

在亲密的血缘社会中商业是不能存在的。

从血缘结合转变到地缘结合是社会性质的转变，也是社会史上的一个大转变。

缺乏变动的文化里，长幼之间发生了社会的差次，年长的对年幼的具有强制的权力。这是血缘社会的基础。血缘的意思是人和人的权利和义务根据亲属关系来决定。亲属是由生育和婚姻所构成的关系。血缘，严格说来，只指由生育所发生的亲子关系。事实上，在单系的家庭组织中所注重的亲属确多由于生育而少由于婚姻，所以说是血缘也无妨。

地缘是从商业里发展出来的社会关系。血缘是身份社会的基础，而地缘却是契约社会的基础。契约是指陌生人中所作的约定。在订定契约时，各人有选择的自由，在契约进行中，一方面有信用，一方面有法律。法律需要一个同意的权力去支持。契约的完成是权利义务的清算，须要精密的计算，确当的单位，可靠的媒介。

社会结构自身并没有变动的需要，变动是人要它变的。

社会变迁常是发生在旧有社会结构不能应付新环境的时候。

时势权力： 初民社会中常可以看到。

名实之间的距离跟着社会变迁速率而增加。

📖 **经典名句：**

社会变迁常是发生在旧有社会结构不能应付新环境的时候。新的环境发生了，人们最初遭遇到的是旧方法不能获得有效的结果，生活上发生了困难。人们不会在没有发觉旧方法不适用之前就把它放弃的。旧的生活方法有习惯的惰性。但是如果它已不能答复人们的需要，它终必会失去人们对它的信仰，守住一个没有效力的工具是没有意义的，会引起生活上的不便，甚至蒙受损失。另一方面，新的方法却又不是现存的，必须有人发明，或是有人向别种文化去学习，输入，此外，还得经过试验，才能被人接受，完成社会变迁的过程。

从欲望到需要 CONG YU WANG DAO XU YAO······

人类行为是有动机的：

① 人类对于自己的行为是可以控制的；

② 人类在取舍之间有所根据，这根据就是欲望。

欲望规定了人类行为的方向。——文化事实

社会变动得快，原来的文化并不能有效地带来生活上的满足时，人类不能不推求行为和目的之间的关系了。这时发现了欲望并不是最后的动机，而是为了达到生存条件所造下的动机。——需要

乡土社会是靠经验的，他们不必计划，因为时间过程中，自然替他们选择出一个足以依赖的传统的生活方案。各人依着欲望去活动就得了。

经典名句：

在乡土社会中人可以靠欲望去行事，但在现代社会中欲望并不能作人们行为的指导，于是产生"需要"，因之有了"计划"。

207

说人类行为是有动机的包含着两个意思：一是人类对于自己的行为是可以控制的，要这样做就这样做，不要这样做就不这样做，也就是所谓意志；一是人类在取舍之间有所根据，这根据就是欲望。

　　在乡土社会中个人的欲望常是合于人类生存条件的。两者所以合，那是因为欲望并非生物事实，而是文化事实。我说它是文化事实，意思是人造下来教人这样想的。

后记 HOU JI

经典名句：

社会现象在内容上固然可以分成各个制度，但是这些制度并不是孤立的。如果社会学要成为综合性的科学，从边缘入手自不如从堂奥入手。

以全盘社会结构的格式作为研究对象，这对象并不能是概然性的，必须是具体的社区，因为联系着各个社会制度的是人们的生活，人们的生活有时空的坐落，这就是社区。每一个社区有它一套社会结构，各制度配合的方式。因之，现代社会学的一个趋势就是社区研究，也称作社区分析。

读大家名作
深度了解中国基层社会

建 议 配 合 二 维 码 一 起 使 用 本 书

扫码后，您可以获得
以下线上服务

01
本书立享服务
★本书话题交流群

02
每周专享服务
★社科类热门资讯
★社科类主题好书推荐

03
长期尊享权益
★推荐同城/省会/邻近直辖市
优质线下活动